千恵《ちえ》とふしぎの犬《いぬ》

那智《なち》

だから
この犬猫《こら》を
救《すく》いたい

まえがき

人《ひと》も動物《どうぶつ》も、魂《たましい》を宿《やど》す存在《そんざい》だと思《おも》っています。

たとえ肉体《にくたい》はほろんでも、魂《たましい》はちゃんと生《い》きている。だからこそ、しっかりと生《い》き、しっかりと死《し》ななくてはいけないのだと思《おも》います。命《いのち》を粗末《そまつ》にしてはいけないのです。

わたしは、いま動物《どうぶつ》たちの命《いのち》を救《すく》う保護活動《ほごかつどう》をしています。動物実験《どうぶつじっけん》にされたり、不用犬《ふようけん》、不用猫《ふようねこ》として殺《ころ》されたりする動物《どうぶつ》たちの命《いのち》を一つでも救《すく》いたいと思《おも》っています。

しかし、捨《す》て犬《いぬ》、捨《す》て猫《ねこ》があとを断《た》ちません。実験動物《じっけんどうぶつ》も減《へ》ったとはいえ、ゼロにはなりません。

なぜなのでしょうか？

命《いのち》について、さまざまな価値観《かちかん》があってもいいと思《おも》います。わたしのように「生《い》きものには魂《たましい》・霊《れい》が宿《やど》っている」と思《おも》う人《ひと》もいれば、わたしとは反対《はんたい》に「肉体《にくたい》が終《お》われば、すべて終《お》わり。脳《のう》で考《かんが》え、行動《こうどう》している以上《いじょう》、魂《たましい》などない」と主張《しゅちょう》する人《ひと》もいます。それはそれで構《かま》わないと思《おも》います。

でも、重要《じゅうよう》なのは「命《いのち》を大切《たいせつ》にする」ということではないでしょうか。

殺《ころ》されるために生《う》まれてくる命《いのち》などありません。

殺《ころ》してもいい命《いのち》など、どこにもないのです。

みな、平等《びょうどう》に生《い》きる権利《けんり》があるのです。

犬《いぬ》も猫《ねこ》も鳩《はと》もカラスもネズミも、ミミズも……。そしてあなたも、わたしも。

この書《しょ》では、わたしのささやかなそうした「命《いのち》の体験《たいけん》」「魂《たましい》の体験《たいけん》」を紹介《しょうかい》しました。読《よ》んでいただければ、なぜわたしがこうまでして「命《いのち》に固執《こしゅう》するのか」をおわかりいただけると思《おも》います。

とくに、小《しょう》、中学《ちゅうがく》、高校生《こうこうせい》のみなさんには、「命《いのち》とはなにか」「魂《たましい》とはなにか」を考《かんが》えてほしいと思《おも》い、ルビを多用《たよう》しました。文章《ぶんしょう》も平易《へいい》を心《こころ》がけました。

命《いのち》に上下《じょうげ》はありません。みな、一様《いちよう》に尊《とうと》いのです。

そのことを、本著《ほんちょ》をとおして、ご理解《りかい》いただければと思《おも》います。

二〇〇二年四月一九日　濱井《はまい》　千恵《ちえ》

目《もく》次《じ》……千恵《ちえ》とふしぎの犬《いぬ》 那智《なち》

きれいな着物《きもの》を着《き》せてもらい得意《とくい》顔《がお》のわたし。那智《なち》をはじめとして、動物《どうぶつ》たちとの交流《こうりゅう》はこのころから始《はじ》まっていた。

那智《なち》という犬《いぬ》

那智《なち》はわたしより三才《さい》も年上《としうえ》の犬《いぬ》。

真《ま》っ白《しろ》な紀州《きしゅう》と柴《しば》の雑種《ざっしゅ》で、狸《たぬき》のような大《おお》きな目《め》をしたかわいい雌《めす》の犬だった。

しかしいったんケンカとなると、どんな犬にも負《ま》けない、「山椒《さんしょ》は小粒《こつぶ》でも……」という表現《ひょうげん》がぴったりの犬。

そしてわたしの自慢《じまん》の犬だった。

当時《とうじ》は避妊《ひにん》、去勢《きょせい》の手術《しゅじゅつ》などもなく、シーズンになれば、どこからともなく雄犬《おすいぬ》が次々《つぎつぎ》と現《あら》われた。

しかし、求愛《きゅうあい》する雄犬に恨《うら》みでもあるのか、那智は近《ちか》づく雄犬をかみ殺《ころ》そうとした。

あまりにもひどいケガをさせてしまって、獣医《じゅうい》に治療《ちりょう》をしてもらったあと、納屋《なや》にかくまって看護《かんご》した雄犬もいたくらいだ。

そんな勇《いさ》ましい那智は、むろん一度も交尾《こうび》も出産《しゅっさん》の経験《けいけん》もないまま、年をとっていった。

＊　＊

彼女は、わたしが生まれたときから、わたしの成長《せいちょう》をずっと見守《みまも》ってくれていた犬だ。揺《ゆ》りかごに寝《ね》ているわたしが泣《な》くと、那智は洗濯《せんたく》をしている母に血相《けっそう》を変《か》えて知らせていたそうだ。

母は、まるで乳母《うば》のような犬だったと、当時の那智をなつかしそうに話してくれた。わたしと那智は、犬と人間《にんげん》の関係《かんけい》だが、わたしたち二人は心のなかでは姉妹《しまい》そのものだった。

犬は、人間と不思議《ふしぎ》な関係《かんけい》を持《も》てる生きものだと思う。

人間ならば、兄は兄以外《いがい》の何者《なにもの》でもない。

でも犬は自分の姉《あね》になったり妹《いもうと》になったり、子どもになったり、どんな存在《そんざい》にも対応《たいおう》する。その場《ば》その場に合わせて役《やく》を演《えん》じる名俳優《めいはいゆう》みたいだ。

那智は、とくにそんな犬だったように思《おも》う。

わたしと二人でいるときは、わたしの妹か赤ちゃんのように甘え、両親《りょうしん》がいれば、今度はわたしの面倒《めんどう》をみる姉のような素振《そぶ》りをする。

近所《きんじょ》の耳鼻科《じびか》にかよっていたときのことだ。

那智はずっと病院《びょういん》の入り口の松《まつ》の木陰《こかげ》で、わたしをすわって待っていた。治療《ちりょう》が終わって出てくると、那智の顔《かお》は母親《ははおや》そっくりで、「きょうは痛《いた》かった？泣いたの？」と、尾《お》を振《ふ》りながら、心配《しんぱい》そうにわたしの顔をのぞき込む。

二人で散歩《さんぽ》にいけば、大の仲良《なかよ》し友《とも》だちみたいにじゃれる。

結核《けっかく》のために友だちと遊《あそ》べないわたしを、那智はあらゆる方法《ほうほう》で見守り、心を癒《いや》し、おおくの希望《きぼう》をわたしに与《あた》えてくれた。

また、こんなこともあった。

わたしが、恐怖《きょうふ》の金縛《かなしば》りにあっていたのに、知らん顔をして寝ていた那智に、「ど

那智《なち》とわたし。いつも二人《ふたり》は一緒《いっしょ》だった。

うして起きてくれなかったのか」と、那智の耳《みみ》にたこができるほどしつこく文句《もんく》をいうと、不思議《ふしぎ》なことにその日から、那智は両親《りょうしん》が寝静《ねしず》まると、わたしの布団《ふとん》のなかに入《はい》って添《そ》い寝をしてくれるようになった。そして母が起《お》きる六時前にまた自分《じぶん》の小屋《こや》のなかにそっと戻《もど》っていくのである。

部屋《へや》に入ってくるときは、足跡《あしあと》がつかないように前足《まえあし》を曲《ま》げて入ってくる。わたしが「あとで拭《ふ》くからいいよ」といっても、那智はだれに教《おし》えられたわけでもないのに、前足を曲げて畳《たたみ》を汚《よご》さないように、はいつくばって、そっと部屋に入ってきた。

うれしかった。

那智は、何でもわたしのいうことを理解《りかい》してくれる。

そして那智はやさしく片手《かたて》でわたしの顔をかいて、自分がきたことを知らせた。布団をめくって那智をなかに入《い》れ、枕《まくら》も半分《はんぶん》ずつにわけて、向かい合わせに抱《だ》き合って眠《ねむ》った。

あまりお風呂《ふろ》も入らないし、土のうえに寝そべるので那智は結構《けっこう》くさかった。く

さいけれど、その臭《にお》いがたまらなくわたしに安堵感《あんどかん》を与《あた》えてくれていた。

この犬のやさしさは、並《なみ》の犬では考《かんが》えられないほどだ。


ある日、こんなこともあった。

夜にミカンを食べすぎて、不覚《ふかく》にも小学三年生にもなっているのに、わたしはおねしょをしてしまった。

夜中《よなか》に目をさますと、下半身《かはんしん》が生暖《なまあたた》かい。母の怒《おこ》る顔が目に浮《う》かぶ。

そして何よりもひどいのは、おねしょをすると、母にあえてその布団《ふとん》を外の道路《どうろ》に向かって干《ほ》されるのである。

最悪《さいあく》のお仕置《しお》きである。

『家の娘《むすめ》は、まだおねしょをするのです』と、わざと近所中《きんじょじゅう》にみえるように干して、わたしをさらし者にした。

恥《は》ずかしいからやめてくれと、泣いてたのんでも、「恥《は》ずかしいと思うなら寝《ね》ションベなんか、するな！」と怒《おこ》ってくる。

近所には、わたしと年が変わらない子どもがたくさんいる。「寝ションべたれたぁー。寝ションべたれたぁー」と、はやされて登校《とうこう》しなければならない。憂鬱《ゆううつ》だった。

思案《しあん》していると、以前兄が教えてくれた方法が頭にひらめいた。

それは、びっしょり濡《ぬ》れたパンツを湯《ゆ》たんぽで乾《かわ》かす方法だ。

湯たんぽのカバーを外《はず》し、そのうえに濡れたパンツとパジャマを置《お》く。

そして、ひたすら乾くのを祈《いの》りつつ、火傷《やけど》に注意しながら、下半身裸《はだか》のままで眠った。朝、目をさますと嘘《うそ》のように乾いている――。

これなら何とか母をだませる、しめしめと思いながらパンツをはこうとすると……湯たんぽのうえに置いたはずのパンツがない！

布団の下にもない！　どこを探《さが》してもない！

早く起きないと学校に遅刻《ちこく》する。台所《だいどころ》から母のサイレンのような声がする。

しかたがない。パンツをはかずに、ズボンだけをはき、登校した。

わたしは、冬はスカートなんて一度もはかせてもらえない。すぐ風邪《かぜ》をひき高熱《こうねつ》を出すからだ。冬はどれだけ人に笑われようとズボン下《した》をはかされ、腹巻《はらま》きをして、分厚《ぶあつ》いコールテンでできた、母の手作りのズボンをはかされていた。

だからパンツがなくても、別《べつ》に不自由《ふじゆう》を感《かん》じるわけではない。その日はいわゆるノーパンで登校《とうこう》した。

ところが、家に帰ってくるなり、母が「きょうパンツはいてるの?」と、〝お帰り〟の言葉もかけぬうちから聞いてきた。

「これ、だれのパンツ? 那智《なち》の小屋《こや》に入ってたよ!」

といいながら、パンツをみせた。

(何で那智が?)

那智は、おねしょをしたわたしのパンツを、自分も乾《かわ》かそうと思ってくれたのだろうか?

それとも母にみつからないように、自分の小屋に隠《かく》してくれたのだろうか?

母の〝証言《しょうげん》〟によれば、「那智は、隠すように、あんたのパンツを抱《かか》えて寝ていた」そうだ。

那智が普通《ふつう》の犬のように、タオルをくわえてじゃれたりするために、自分の小屋にパンツを持っていったとは思えない。一二才にもなっている那智は、そんなことをしていままで遊《あそ》んだこともなければ、もし遊びのつもりなら、わたしのパンツをかんで破《やぶ》いていたはずだ。

だが、那智は――あんたのおねしょパンツを手で丸め、大事《だいじ》そうに自分の腹の下に敷《し》き、まるで乾かそうとしているみたいだった――と母もいっていた。

そして、母は今回は那智の顔を立て、怒《おこ》らないといってくれた。

「那智。ありがとう!」

那智がいじらしくて、那智にかばってもらえたことがうれしくて、どんなことがあっても二度とおねしょはしないと強《つよ》く心に誓《ちか》った。

那智《なち》の知《し》らせ

そんないじらしい那智《なち》も、一三才。

耳の聞こえも悪《わる》くなり、歩き方がおぼつかなくなりはじめていた。

二年前から名犬《めいけん》ラッシーで有名《ゆうめい》になったコリーの雄犬《おすいぬ》を飼《か》い、ラッキーと名付けられた。わたしが小学四年生になってからは、地元《じもと》ではまだあまりみかけないダックスフンドの雄犬も飼いはじめていた。こちらは、ダックと名付けられた。

那智は嫌《きら》いな雄犬との同居《どうきょ》が苦痛《くつう》でしかたがないようだった。おまけに家族中が初《はじ》めて飼う洋犬《ようけん》たちに心を奪《うば》われ、那智自体《じたい》が影《かげ》の薄《うす》い存在《そんざい》になりつつあった。

でも、わたしはそんな那智の気持ちが、痛《いた》いほどよくわかっていた。

コリーの雄犬《おすいぬ》ラッキーとわたし。

涙目《なみだめ》になった那智の目やにを拭《ふ》きながら、「お前が一番大事《だいじ》なのだ」と何度もいい聞かせ、身体全体《からだぜんたい》を抱《だ》きしめていた。

そして、那智は雄犬《おすいぬ》たちの前をとおるときには、わたしにおんぶをねだるようになってきた。わたしをひとりじめにしたいのだろうか。那智は頼《たよ》りたいのだろう。必《ひっ》死《し》でわたしの背中《せなか》に駆《か》け上がろうとする。かがんで背中を向けてやると、一目散《いちもくさん》に飛び乗っていつまでもわたしの背中から降《お》りようとはしない。両手《りょうて》でわたしの首《くび》をしっかりはさみ、顔をすり寄せてわたしにしがみついていた。

どんな血統書《けっとうしょ》がついている犬よりも、変わった犬よりも、わたしはこんな那智が愛《いと》おしくて、だれが何といおうと、わたしの大切な大切な自慢《じまん》の犬だった。

＊　＊

その那智が車にはねられて死んだ。

当時はまだ放《はな》し飼《が》いの家も多く、那智はひとりで玄関《げんかん》を開けて五、六分、勝手《かって》に散歩《さんぽ》にいき、用を足《た》すとまっすぐ家に帰ってきていた。

ほかの犬たちは家のなかで放し飼いにしていても、自分で外に出たりはしなかっ

た。

散歩《さんぽ》のときも、きちんとリードを付けていたし、庭《にわ》で用も足《た》せる。

しかし十三年間、自由気《じゆう》ままに生きてきた那智は、家のなかで鎖《くさり》につながれるのも嫌《いや》なら、雄犬《おすいぬ》たちがいる庭にはけっして入ろうとはしなかった。

そのかわり、遠《とお》くにもいかなければ、呼《よ》べばすぐ戻《もど》ってくるし、人に牙《きば》をむくこともない那智に、わたしたちは何の不安もなかった。

また家族中で留守《るす》をするときは、那智の首輪《くびわ》に玄関《げんかん》の鍵《かぎ》を付けて、留守番《ばん》をたのんだ。

すると、那智はどんなことがあっても家を守るのだという使命感《しめいかん》に燃《も》えて、わたしたちが帰るまで、ずっと玄関の前にすわり、近所《きんじょ》の人や親戚《しんせき》がどれほどお菓子《かし》や大好きな鰹節《かつおぶし》で誘惑《ゆうわく》しても、けっして鍵を家族以外の人に触《ふ》れさせなかった。

その上、道路を横断《おうだん》するときは左右《さゆう》を確認《かくにん》してゆっくり歩く那智をだれもが心配《しんぱい》もしなければ、近所でも那智の聡明《そうめい》さは有名だった。

＊　＊

それは、正月の三日のことだった。

我《わ》が家《や》に親戚《しんせき》がたくさん集《あつ》まり、久《ひさ》しぶりに会う従兄弟《いとこ》たちとトランプで遊んでいた。

すると、近所の八百屋《やおや》のおばさんが、血相《けっそう》を変えてやってきた。那智が交通事故《こうつうじこ》に遭《あ》った、という。近所の人たちが那智の事故を目撃《もくげき》していたらしい。

この日も、那智は道路《どうろ》を渡《わた》るとき車がこないか左右を確認《かくにん》し、空《そら》まで見上げてゆっくり道路を渡っていたと、八百屋のおばさんが言っていた。

そこに急《きゅう》カーブで突っ込んできたトラックが、那智をひいた。那智は五〇メーターもはね飛ばされ、転《ころ》げ落ちて地面《じめん》にたたきつけられたそうだ。

両親と兄と、どのように玄関を出たのか覚《おぼ》えがない。

家族四人とも近所の人に言われるまで、靴《くつ》もはかず裸足《はだし》で走ってきたことにすら気がつかなかった。それほど動転《どうてん》していた。

うしろからついてきた祖母《そぼ》も、自分の下駄《げた》と母の草履《ぞうり》をちぐはぐにはいていた。

だがそれに気がついても、だれも笑えなかった。

那智は口から血を出して倒《たお》れている。

母は悲鳴《ひめい》のような声を出し、大声で「那智ぃーーーー!!!」と叫《さけ》んだ。

わたしは、恐怖《きょうふ》と、この現実《げんじつ》を受け入れたくないという強烈《きょうれつ》な思いで、声も涙《なみだ》も出ない。

頭《あたま》が真っ白になった。那智が死ぬかもしれないのに、頭のなかの自分は『月光《げっこう》仮面《かめん》』を歌っている。

「どーこのだーれかは、知ぃーらないけれど、だれもがみーんな知っている。月光仮面のおじさんは~♪。正義《せいぎ》の味方《みかた》だ、よい人だぁー」

なぜ歌を歌っている自分がいるのだろう?

頭のなかの歌声を呆然《ぼうぜん》と聞いている自分がいる。

「疾風《はやて》のように現《あらわ》れてぇ~♪。疾風のように去ってゆくぅ~♪……」

頭のなかで、繰《く》り返し聞こえる。それが、延々《えんえん》とつづいている。

そして、ゆっくりと涙が出はじめてきた。

悲しいとか、苦しいとか、区別《くべつ》する感情《かんじょう》など何もない。ただ涙だけが先にとめどなく流れはじめていた。声も言葉も失《うしな》ったまま。

母の那智を呼ぶ声だけが耳に入ってくる。

近所のおばさんたちが、車から降《お》りてきた運転手《うんてんしゅ》をやりこめている。

「ちょっと、あんた。前みて運転しとんのかぁ？　この犬をひき殺《ころ》したんや！

あんたは人間で言うたら手上げて横断《おうだん》してる子ひいたんと同じやで！　どう思ってるんや！　早よぉー、謝《あやま》り！」

運転手は酒《さけ》を飲み、スピードの出しすぎで那智に気がつかなかったらしい。

人相《にんそう》の悪い大男《おおおとこ》の父ににらまれた運転手は、ひたすら謝っていた。

急いで獣医《じゅうい》にきてもらった。

那智は生きていた。

母のたび重《かさ》なる呼びかけに目をさまし、小さな声で申《もう》しわけなさそうに「キューン」とひと言《こと》、泣いた。

このときやっと、那智の事故《じこ》を身体《からだ》全体《ぜんたい》で受けとめることができた。

大声を上げて、喉《のど》が痛《いた》いほど泣いた。

那智はどこを触《さわ》られても痛がるので、那智の耳を口にくわえた。

那智の鼻《はな》をなめてやった。

そして那智の顔は、わたしの涙でべっとり濡《ぬ》れていた。

獣医《じゅうい》が言うには骨盤《こつばん》の骨折《こっせつ》、大腿骨骨折《だいたいこつこっせつ》、内臓破裂《ないぞうはれつ》を起こしている可能性《かのうせい》もあるし、いまは動かさないほうがよい、しばらくこのまま様子《ようす》をみようとのことだった。

だが那智は石膏《せっこう》をはめられながらも、奇跡的《きせきてき》に回復《かいふく》しはじめていた。三日目からおじやを食べはじめ、薄《うす》めた牛乳《ぎゅうにゅう》も飲みはじめている。

家のなかで一度もオシッコをしたことがないので、那智を抱《だ》いて外につれてやらねばならなかった。そんな那智を母と二人、夜中《よるじゅう》もつきっ切りで看病《かんびょう》した。

そして那智は気丈《きじょう》に一二日間も生き抜いた。

＊　＊

死ぬ日の朝、「早く帰ってくるからね」といって那智をなでて登校《とうこう》しようとすると、何度もわたしにお手をしようと片手を出してくる。

もう一度頭をなでてやると、わたしの手のひらに顔を押しつけて甘えてきた。

「遅刻《ちこく》するから、またあとで」といって那智に「バイ、バイ」と手を振《ふ》った。

頭を持ち上げわたしをみつめる那智をみて、わたしはこのまま那智は治《なお》ると思っていた。

だが、それは那智がわたしに別《わか》れを告《つ》げていたのだった。

わたしに握手《あくしゅ》をし、わたしの手に頬《ほほ》を寄せ、言葉があるのなら、

「ありがとう。ずっと好きだよ」

といっているように、わたしの手の温《ぬく》もりを目を閉じて味《あじ》わっていた。

那智はいつまでも顔を寄せ、何度も何度もわたしの手をなめてくれた。

どうして那智の心に気づいてやれなかったのかと思うと、あとから泣けて泣けてしかたがなかった。

朝の二限《げん》目の授業《じゅぎょう》のときに、那智の泣き声を聞いた気がした。

嫌《いや》な予感《よかん》が脳裏《のうり》をかすめた。きょうは昼で授業《じゅぎょう》が終わる。

『那智、待ってて……すぐ帰るから』

四限目が終わるサイレンと同時に、教室《きょうしつ》を飛び出した。

だが、那智はわたしが声を聞いたその時間に死んでいた。

母の顔をみると、すでに大泣きしたのか瞼《まぶた》が腫《は》れ上がり、結膜炎《けつまくえん》を起こしたような真っ赤な目をしていた。

小学四年生のわたしは、この悲《かな》しみをどのように受けとめてよいのかわからなかった。わたしのなかでは犬でも人間でもない、那智と呼べる大きなかけがえのない唯一《ゆいいつ》の存在《そんざい》だった。

その子が死んだ。

耳《みみ》も舌《した》も白くなり、固《かた》く冷《つめ》たくなっていく。

それでも那智を何度もなでて、頬《ほほ》ずりをして那智の臭《にお》いや那智の毛、那智のしっぽの感触《かんしょく》を、頭にたたき込むように触《さわ》りつづけた。

＊　＊

わたしが五才のときに、弟《おとうと》が生まれた。

でも、弟は生まれてまもなく死んでしまった。

未熟児《みじゅくじ》で生まれたそうだが、わたしはちょうど麻疹《はしか》にかかり、弟に会うことがで

きなかった。しかし、危篤状態《きとくじょうたい》だという知らせを受けると、祖母《そぼ》がわたしを背《せ》におぶり病院《びょういん》へつれていってくれた。

小さな赤ちゃんなのに、父と同じ顔をしていたのを覚《おぼ》えている。

祖母が、

「坊《ぼっ》ちゃんに、お姉《ねえ》ちゃんよっていうて、抱《だ》いてやって」

といいながら、弟をわたしに抱かせてくれた。その後《ご》、弟は除夜《じょや》の鐘《かね》の音《ね》とともに息を引き取った。

年があけて一月の末《すえ》、父方《ちちかた》の祖父《そふ》も死んだ。

死ぬ最期《さいご》の夜に喉《のど》が乾《かわ》いたというので、ミカンをむいて口に入れてやると、祖父は、「千恵《ちえ》がむいてくれるミカンは美味《おい》しい」とうれしそうに食べていた。

そして明《あ》け方《がた》、祖母に起こされて目がさめると、医者《いしゃ》と看護婦《かんごふ》が祖父の身体《からだ》を拭《ふ》いていた。

大切な家族が死んでも、息ができないほど苦しい思いはしたことがなかった。

悲《かな》しくても、その死を受けとめられる、どこか自分とは隔《へだ》たりがあることだと感じて、泣きながらも手を合わせるゆとりがどこかにあった。

だが、那智はちがっていた。

こんなに苦しくて、もがきたくなるような悲しみは初めてだった。

どれだけ泣いても気持ちが晴れない。晴れないどころか苦しくて、両足《りょうあし》で布団《ふとん》を何度も蹴《け》飛《と》ばし、小さな子がだだをこねるように、夜も那智の名を叫《さけ》びながら泣きつづけた。

寝返《ねがえ》りをうっても、枕《まくら》を抱きしめても、自分の身体をどこに持っていけばよいのかわからないほどの悲しみを、生まれて初めて味わった。

悲しいのか苦しいのかわからないくらい、たとえようのない気持ちだった。

時間を消せるなら、あの一瞬《いっしゅん》の事故《じこ》を消して欲しい。

「那智！　生き返って。一生のお願《ねが》い。もう一度生き返って」

そういいながら、食事《しょくじ》もできないほど一日中泣きつづけた。

翌日《よくじつ》、母が早くお寺《てら》で埋《う》めてもらおうといっても、抱きしめたままはなれることができなかった。母が何度叱《しか》っても、那智の目を開《あ》けたり、口に手を入れたり、足の裏《うら》の臭いを嗅《か》ぎながら、別れの踏《ふ》ん切りをつけることができない。

このまま那智が自分の前から永久《えいきゅう》に姿《すがた》を消してしまうことは、真っ暗な洞穴《ほらあな》に放り出される恐怖《きょうふ》と似ていた。たとえようのない不安《ふあん》がわたしを襲《おそ》ってくる。

那智が目の前から消えて、どうやって朝を起き、夜を寝《ね》るのか、一日をどうすごしてよいのかわからなかった。

ひたすら怖《こわ》かった。

冷たくなっても那智にいつまでも触《ふ》れていたかった。この感触《かんしょく》が永久になくなってしまうのかと思うと、悲《かな》しみをとおり越《こ》して言いしれぬ不安に押《お》しつぶされそうになっていた。

夜になると那智は肛門《こうもん》から少し血を出しはじめた。母が早く土にかえしてやらないと那智は腐《くさ》ってくる。きれいなうちに早く天国《てんごく》に送ってやろうと、わたしを一生懸命説得《いっしょうけんめいせっとく》していた。

三日目の朝、やっと那智の死を受け入れることができた。近所にある寺の境内《けいだい》の隅《すみ》に埋めさせてもらったあと、墓標《ぼひょう》を立てて那智の墓《はか》はつくられた。

毎日《まいにち》花の水を替《か》え、自分のおやつを供《そな》えては墓に眠《ねむ》る那智と話しつづけていた。

学校から帰ってきても那智がいない玄関《げんかん》を開けるのが怖《こわ》かった。

主《ぬし》のいない犬小屋が、ぽつんと自転車《じてんしゃ》の横《よこ》に置いてある。

そのなかに潜《もぐ》り込んで、那智の残《のこ》り香《が》を嗅《か》いだ。

母はわたしの気持ちが落ち着くまで、那智の小屋も食器《しょっき》もずっとそのまま玄関に置いたままにしてくれていた。

ところが一年半をすぎて六年生になると、修学旅行《しゅうがくりょこう》を境《さかい》に身体《からだ》も丈夫《じょうぶ》になって、次々と友だちもできはじめ、遊びに夢中《むちゅう》になると那智の墓に行くことがほとんどなくなってきていた。

別《べつ》に那智を忘れたわけではない。

那智を抱きながら滑《すべ》り台を滑ったり、砂場《すなば》で穴掘《あなほ》りをしたときの那智の顔を忘れたことなどなかった。

庭《にわ》でおもちゃのピアノを弾《ひ》くと、那智は一緒《いっしょ》に歌も歌ってくれた。

顎《あご》を上げて自慢《じまん》げに歌う那智の姿《すがた》が、ふと公園《こうえん》のブランコに乗っていると、急に襲《おそ》うようによみがえり、押しつぶされるほどの悲《かな》しみがやってくる。

悲しみとは思い出すのではなくて、突然《とつぜん》襲うように脳《のう》によみがえってくるのである。わたしはそれが怖《こわ》かった。そして少しづつ那智のいない生活をすごす訓練《くんれん》をしていたにすぎない。


ちょうど十月の終わりごろだったと思う。外に出ると、どこからともなくキンモクセイの匂《にお》いが漂《ただよ》っていた。

＊　＊

朝方《あさがた》、夢《ゆめ》をみた。

那智とラッキーが土に埋《う》められているのだ。

コリー犬のラッキーは那智が死ぬと、あとを追《お》うように翌月《よくげつ》、急性肝炎《きゅうせいかんえん》を起こして呆気《あっけ》なく死んでしまった。

ラッキーはまだ二才半の若さだった。

父は毎日自転車《じてんしゃ》で散歩《さんぽ》をし、グルーミングも欠《か》かせたことはなかった。体の大きな父と足並《あしな》みをそろえて走るラッキーは、父にとっては死んだ息子《むすこ》（わたしの弟《おとうと》）のような存在《そんざい》だったかもしれない。

ラッキーは父との散歩のとき、血尿《けつにょう》を出した。慌《あわ》てて近くの獣医《じゅうい》に往診《おうしん》にきてもらったが、その獣医はたぶん風邪《かぜ》をこじらせたのだろうと言う。

しかし気になって、親戚《しんせき》の叔母《おば》に電話した。するとと叔母が、那智を手術《しゅじゅつ》もせずに放《ほう》っておくような獣医に任《まか》せられないと言って、M市から伊勢《いせ》まで、有名《ゆうめい》な獣医をわざわざ車でつれてきてくれた。

だがラッキーはその車が到着《とうちゃく》すると同時に息を引き取った。本当に呆気《あっけ》なく、何の世話《せわ》もしてあげられないまま、ラッキーは大急ぎで那智のあとを追って走っていったのだった。

生後《せいご》四ヶ月でジステンパにかかり、両親《りょうしん》の手厚《てあつ》い看護《かんご》のお陰《かげ》でやっと助かり、みるからに立派《りっぱ》な雄犬《おすいぬ》に成長《せいちょう》したばかりだった。

治療費《ちりょうひ》も随分《ずいぶん》かかり、人間が食べるご飯《はん》のなかに入る麦《むぎ》の割合《わりあい》がまた一段《だん》と多くなっていた。だが、大切な家族《かぞく》の治療費《ちりょうひ》にお金がかかったのだから、だれも文句《もんく》も言わなかった。

那智とラッキーが死ぬ一年前の夏《なつ》には、母の自転車のカゴに那智を乗《の》せ、ラッキーは父にリードをつけて自転車に引かれながら、家族四人と犬二匹で、近くの宮川《みやがわ》に泳《およ》ぎにいった。

いまの時代《じだい》なら車でドライブなのだろうが、当時《とうじ》のわたしの家ではピクニックに行くのにも自転車だった。

那智とラッキーをふくめた家族と一緒《いっしょ》に、河原《かわら》で食べるおにぎりは最高《さいこう》に美味《おい》しかった。那智も泳ぎにくるときだけはラッキーとケンカもしなければ、仲良《なかよ》く並んで泳いでいた。

わたしは幼《おさな》いときは結核《けっかく》で海《うみ》にもあまりいけなかったので、犬たちと川で泳ぐのがうれしくてしかたがなかった。ラッキーは金槌《かなづち》のわたしをおぶって、犬かきでどこまでも泳いでくれる。

どこかナイト（騎士《きし》）を思わせる素振《そぶ》りがラッキーにはあった。

那智がいるときはあえてあまり遊んでやらなかった分《ぶん》、これからラッキーやダックと仲良くやっていこうと思っていた矢先《やさき》だった。

ラッキーも那智の真似《まね》をして、那智が死んでからはときどきわたしの布団《ふとん》のなかに入ってきた。

大きなコリー犬と一緒に寝ると、湯《ゆ》たんぽもいらないほど暖《あたた》かくて、わたしはラッキーの胸《むね》のなかで何度も那智をしのんで泣いていた。

そのラッキーも死んだ。

生まれて初めて父の泣く顔をみた。

＊　＊

その夢《ゆめ》は、二匹が公園《こうえん》の砂山《すなやま》に埋《う》められ、首だけ出してキャンキャンないているのである。

すぐに二匹を砂から引きずり出して、身体《からだ》についた砂をはらってやると、二匹はわたしを押し倒《たお》して顔中をなめたかと思うと、大はしゃぎで公園《こうえん》を走りまわった。わたしもうれしくて、「那智！　ラッキィー！」と叫《さけ》びながら、あとを追いかけまわしていた。

はっと目がさめた。

久しぶりにみた那智の夢《ゆめ》。でもあのなき声がなぜか気になり、那智の墓《はか》をみに行くことにした。すると寺がちょうど境内《けいだい》の改築工事《かいちくこうじ》をしている。

駐車場《ちゅうしゃじょう》をつくるといって、那智たちが埋《う》められているところの土を掘《ほ》り返し、赤土《あかつち》をかぶせ、那智とラッキーの墓標《ぼひょう》が、盛《も》られた土の上で傾《かたむ》き、墓標の頭《あたま》だけが出ていた。

『そうかぁー。那智もラッキーもコンクリートの下に埋められ、毎日《まいにち》車の下敷《したじ》きになるのが嫌《いや》だったのだな。それをわたしに知らせたのだ。家につれて帰らなければ』

わたしは急《いそ》いで家に戻《もど》った。そして夢のことと寺の工事のことを母に話した。すると、母はすごい剣幕《けんまく》でお寺に怒鳴《どな》り込み、住職《じゅうしょく》に、いい放《はな》った。

「きちんと墓代《はかだい》も墓標代もお経代《きょうだい》もみんな払《はら》っているのですから、だまって墓を壊《こわ》すのはよくないのじゃないですか！　うちにとっては家族と同じですよ。犬畜生《いぬちくしょう》と思わないでください！」

母は、二本の墓標を赤土から抜《ぬ》き取ると、真っ赤な顔をしてわたしの手を引き、息を荒《あら》くして帰ってきた。

そして庭の隅《すみ》にその墓標を立てた。

わたしは那智は死んでもわたしのそばにいたいのだと思った。どんなときも一緒《いっしょ》にいたい、はなれて暮《く》らすのは嫌《いや》だ、と言っているように思えた。

那智もラッキーも霊《れい》となって夢のなかでわたしにそのことを知らせてくれていた。犬も死んだら人間と同じように霊になるのだ。それは人間と同じ心を持っているからなのだと気づいた。

このことがあってから、わたしはあることを決意《けつい》したのである。

野良犬救出秘話《のらいぬきゅうしゅつひわ》

M市の叔母《おば》は、お城《しろ》の近くに住んでいた。

子どもがない家なのでわたしを娘《むすめ》のように可愛《かわい》がり、わたしは二人の母がいるみたいで、背《せ》の高いこの叔母のことを『大っきぃ母ちゃん』と呼んでいた。

お城には当時《とうじ》野犬《やけん》が多く、いつもどこかに捕獲箱《ほかくばこ》が設置《せっち》されていた。

とくに簡易《かんい》の遊園地《ゆうえんち》や動物園《どうぶつえん》がつくられているお城の近くは、捨《す》て犬、捨《す》て猫も多く、野犬たちがアヒルや鴨《かも》を襲《おそ》いにきていたらしい。

捕獲箱に入ってしまった犬たちが、朝まで狂《くる》おしいほどないている。

その声を聞くと胸が潰《つぶ》れそうだった。

だが、それらの犬を家につれて帰るわけにはいかない。

犬を飼ってもらうとき父は、

「犬を飼うのもお金がかかる。おもちゃの人形《にんぎょう》ではないのだからご飯代《はんだい》も、毎年の注射《ちゅうしゃ》や病気《びょうき》のときもたくさんお金がいる。うちはお金持ちではないんや。犬を飼うならお前たちの欲しいものが減《へ》る。それでもよいのか？　千恵《ちえ》はオルガンもピアノも買《か》ってもらえないぞ。それでもよいか？」

と聞いてきた。わたしも兄もぜいたくなものは買ってもらえなくても、犬たちと一緒《いっしょ》にいるほうがうれしかった。

「うん。なんもいらん」と答えた。

兄は、

「お父さん。ボク犬ようけ飼って欲しいから、そろばん習《なら》いにいくの辞《や》めるわ」

と言った。本当《ほんとう》はそろばん習いにいくのが嫌《いや》でしかたがないのを、犬のために辞めるのだと言っている。そんな兄の目論見《もくろみ》を承知《しょうち》しながら、父はそれなら辞めろと言った。

そんな貧乏《びんぼう》な家が、何十匹も犬を飼えるはずがない。ましてや牙《きば》をむき出しにしてくる野犬《やけん》を、いくら動物好《どうぶつず》きといえども両親《りょうしん》が飼ってくれるわけはなかった。

だが、この子たちが殺《ころ》される。犬だって死んでからも人間と同じように霊《れい》になるのなら、罪《つみ》もないこの子たちがどう思いながら殺されていくのかと思うとあまりにも哀《あわ》れで、いても立ってもいられなくなった。

それで夜中《よなか》に捕獲箱《ほかくばこ》に捕《つか》まっている犬を、叔母《おば》と一緒《いっしょ》に放しにいったのである。

もう三五年も前のことだから、時効《じこう》だろうか？

近づくと、牙をむきだし、けたたましく吠《ほ》えてきた。

その顔をみるだけで、叔母はおじけづいている。

なだめながらやさしく声をかけて、そっと近づき戸《と》を開けてやった。

もしかまれたら、顔の肉はもぎ取られるだろうな。あの牙でかまれたら手の骨は砕《くだ》けるかもしれない。それくらい大きな身体《からだ》の犬も入っていたが、なぜかどれだけ威嚇《いかく》されても、この子たちが悔《くや》し泣きをしているようにしか、わたしには聞こえなかった。

兄《あに》とわたしと那智《なち》。

それに犬にかまれるのは、ある程度《ていど》なれていた。

ダックスフンドの雄犬《おすいぬ》ダックに、さんざんかまれていたからだ。

ダックは、那智とラッキーがあいついで死んだため、母が、その寂《さみ》しさから、めいっぱい甘《あま》やかし、我《わ》がままな性格《せいかく》になっていた。

だからダックは、母以外の家族にはまったく心を許《ゆる》さない。

コタツにもぐっているダックをのぞいただけで、顔をかまれた。

ときには、歯茎《はぐき》にまで牙《きば》が刺《さ》さるほどひどいかまれ方をしたこともあった。父がダックの口に手を入れてやっと助かったが、唇《くちびる》ごと食いちぎられるかと思うほどの大けがをした。その後《ご》も何度もダックに顔をかまれ、近所のスピッツにもほっぺたをバックリかまれたこともある。だからわたしの顔は名誉《めいよ》の牙の痕《あと》だらけだ。

しかし唸《うな》っていても、牙をむきだしにしても、この子たちが「助けてくれ」とすがっているようにしか聞こえない。

案《あん》の定《じょう》、一匹もわたしを攻撃《こうげき》してくる犬はいなかった。

叔母は木陰《こかげ》に隠《かく》れ、怖《こわ》がって近くに寄ることも、みることもできないでいる。

でもわたしは平気《へいき》だった。かんだところで脅《おど》す程度《ていど》だったら大《たい》したことはないだろうと思っていた。お腹《なか》をすかせているからこんな捕獲箱《ほかくばこ》に命がけで入ってきたのだ。いくつもの洗面器《せんめんき》に山盛《やまも》りに盛《も》ったご飯《はん》を腹一杯《はらいっぱい》食べさせて、また逃《に》がしてやった。

出されたご飯に目もくれず、一目散《いちもくさん》に逃げていく子もいれば、わたしの手をなめて別れを告《つ》げて走り去《さ》る子もいた。

ボスのような一番牙をむいていた犬が、走っていく途中《とちゅう》に急《きゅう》に立ち止《ど》まり、くるっと振《ふ》り返《かえ》ると、じっとわたしをにらんでいた。

鼻《はな》を上に向け、わたしの臭《にお》いを確認《かくにん》している。

（どんなにお腹《なか》がすいても、捕獲箱《ほかくばこ》に入《はい》ってはいけないよ）

わたしは心のなかでつぶやいた。

翌日《よくじつ》捕《つか》まってしまう子もいるだろう。だが、法《ほう》の意味《いみ》も分からない幼《おさな》いわたしには、逃がしてあげる以外に術《すべ》をみいだせないでいた。

叔母《おば》は、犬を逃がしたことを絶対《ぜったい》人には言ってはいけないと、何度もわたしに念《ねん》を押していた。だからわたしは、動物救済活動《どうぶつきゅうさいかつどう》をするまで、このことを三五年近く他言《たごん》したことはなかった。

当時《とうじ》はガスではなく、撲殺《ぼくさつ》されると人から聞いている。何の罪《つみ》もない、ただ人間の親がいないこの子たちが殴《なぐ》り殺《ころ》されるなんて、わたしにはたえられなかった。残飯《ざんぱん》を漁《あさ》ってでも一日でも長く生き残って欲しかった。

（逃げて。ずっと遠《とお》くへ。一日でも長く逃げて……）

わたしは祈《いの》った。

そして暗闇《くらやみ》のなかを一目散に走り去る犬たちを、いつまでも見送《みおく》っていた。

那智がきっと守ってくれる。そう信じて疑《うたが》わなかった。

危《き》機《き》一《いっ》髪《ぱつ》のオナラ

那智が死んでから、わたしは初めての犬の死のショックから立ち直《なお》れず、身体《からだ》が不調《ふちょう》だった。

毎日腹痛《ふくつう》と下痢《げり》つづきで食欲《しょくよく》も減退《げんたい》していた。それでもなんとか学校《がっこう》だけはかよっていた。そんなある日のことだ。

一限《げん》目の体育《たいいく》の時間にドッジボールがあった。男の子が投《な》げた強いボールを、手がすべってまともにお腹《なか》で受けとめてしまった。

受けたボールを投げ返してから、鈍《にぶ》い痛《いた》みがお腹に走《はし》る。

三限目になると強烈《きょうれつ》な腹痛に襲《おそ》われはじめた。並の痛さではない。

春といっても三月はまだ肌寒《はだざむ》い。そんな寒い教室《きょうしつ》にいるのに、汗《あせ》が机《つくえ》の上にぽたぽたと落ちてきた。

声も出せないくらい痛い。

そしてそのままイスから転《ころ》げ落ちてしまった。

担任《たんにん》が慌《あわ》てて医務室《いむしつ》に運ぶと、尋常《じんじょう》でない症状《しょうじょう》のわたしをみるやいなや、そのまま病院《びょういん》へつれていかれた。

連絡《れんらく》を受けた母が血相《けっそう》を変えて飛んできた。

浣腸《かんちょう》を繰《く》り返し、点滴《てんてき》をしてもまったく痛みが取れない。

診断《しんだん》は『腸捻転《ちょうねんてん》』。大《だい》の大人も七転八倒《しちてんばっとう》で苦しみ、のたうちまわるほど痛い病気だそうだ。

父が職場《しょくば》から走ってきたのか、汗びっしょりで病室《びょうしつ》に入ってきた。院長《いんちょう》が、

「もう限界《げんかい》ですから、三〇分後《ご》に手術《しゅじゅつ》します。これ以上放置《ほうち》すれば危険《きけん》ですから、よろしいですね」

と言った。

両足《りょうあし》が腹痛《ふくつう》のためにくの字《じ》に縮《ちぢ》み、エビ反《ぞ》り状態《じょうたい》でうなり声を上げる娘《むすめ》をみて、父の顔が真っ青《さお》になっていた。

「お父ちゃん」と言いたくても声も出ないので手を出すと、大きな両手《りょうて》でわたしの手の骨《ほね》が折《お》れるくらい握《にぎ》りしめた。

右腕《みぎうで》の静脈《じょうみゃく》に注射《ちゅうしゃ》を入れて、手術室《しゅじゅつしつ》に運ばれた。

冷たいベッドのうえに寝ると、看護婦《かんごふ》が胸の下から恥骨《ちこつ》まで冷たいヨードチンキをべっとり塗《ぬ》りはじめた。全身麻酔《ぜんしんますい》の準備《じゅんび》と、手術の器具《きぐ》の確認《かくにん》がはじまっている。

そのとき父はなにを思ったのか、

「待ってくれ！　腹《はら》を断《た》ち割《わ》るのはまってくれぇー」

と手術台《だい》のわたしに馬乗《うまの》りになり、わたしのお腹《なか》をさすりはじめた。

しかも、曲《ま》がって伸《の》びないわたしの両足を、父は無理矢理《むりやり》伸ばそうとした。医者は怒《おこ》った。

「子どもを殺《ころ》す気ですか！　早《はや》く降《お》りなさい！」

そのとき、天井《てんじょう》からぶら下がっている手術灯《とう》のまぶしいばかりの光のなかに那智がいた。

那智がじっとわたしをみている。

それもしっぽを振《ふ》って、舌《した》を出しながら笑っているようにみえた。

そのとき、部屋中に聞こえるくらい「グジュ、グジュ」という大きな音とともに「ブリーッ！」とすごいオナラが出た。

「お父ちゃん！」

ありったけの声で叫《さけ》んだ。

助《たす》かった。

この土壇場《どたんば》でわたしは助かったのだった。

那智がみていてくれた。ずっと見守っていてくれた。

父はまたしても背骨《せぼね》が折れるかと思うほど強くわたしを抱きしめてくれていた。

院長《いんちょう》も看護婦《かんごふ》も、笑い泣きしている。

すでに軽《かる》い麻酔《ますい》が打ってあるから、腸《ちょう》は動かないはずなのにと、院長は何度も不思議《ふしぎ》がっていた。

そして「運《うん》のよい子でよかった」と喜《よろこ》んでくれた。

外で待っていた母も祖母《そぼ》も兄も入ってきて、みんなが大声で笑い泣きした。

その後《ご》もわたしは幾度《いくど》となく大病《たいびょう》を繰《く》り返したが、そのたびに那智がわたしの布団《ふとん》のなかに入ってきた。那智がどんなときもわたしを守ってくれている。

そう思うと痛《いた》い注射《ちゅうしゃ》も手術も泣かずに耐《た》えることができた。

お化《ば》けの子守歌《こもりうた》

わたしは、人も動物《どうぶつ》も、霊《れい》を持つ存在《そんざい》だと思っている。

わたしが、いまこうして動物たちの命の保護運動《ほごうんどう》をやっているのも、多分《たぶん》にそうした精神的背景《せいしんてきはいけい》があるからだと思う。「死んだらおしまい」ではないのだと感じるから、命を大切にしたいと思う。この世に無駄《むだ》な命はない。肉体《にくたい》はたとえほろんでも、魂《たましい》・霊《れい》は生きている。それを最初《さいしょ》に教《おし》えてくれたのは、那智だった。そして、ラッキーだった。

しかし、わたしがそうした精神的背景を持つようになったのは、幼《おさな》い日の父とすごした日々があるからだと思える。

那智の話からは、すこしはなれることになるが、わたしが体験《たいけん》した「生命《いのち》を超《こ》えた生命の存在《そんざい》」をお話ししたいと思う。

＊　　＊

「トトトン、トトトン、　トトトントトン。　夜の夜中《よなか》に戸《と》を叩《たた》く。今度は隣《とな》りの戸を叩く。そらトントントントン。泣く子はいないかー？　トトォトーントン♪♪」

今夜もわたしの家では、お決《き》まりのテーマ曲《きょく》を父が歌いはじめた。

「さぁー、今夜はどんなお化《ば》けが出てくるのかな？　今夜のお化けはとびきり怖《こわ》いぞー。夜中にひとりでオシッコにいけるかな？　勇気《ゆうき》のある子はお父ちゃんのそばにこい。怖がるやつはさっさとオシッコして寝《ね》ろ」

そんな父の声が、蚊取《かと》り線香《せんこう》の煙《けむり》と臭《にお》いで咽《む》せるような蒸《む》し暑《あつ》い部屋から聞こえてくる。

そう、これは父が幼《おさな》いわたしや兄《あに》に夜になると決まって歌う子守《こもり》歌。

それもお化けの子守歌。

世間《せけん》一般《いっぱん》の親は夜になれば、童話《どうわ》を読み聞かせたり、安《やす》らかな子守歌を歌ったりして子どもを寝かせつけるが、わたしの父はまったく逆《ぎゃく》。幼子《おさなご》を思いっきりお化けの話で怖《こわ》がらせて、恐怖《きょうふ》で寝かせつけてしまう。汗びっしょりの小さな手は、低い声でお化けの話をする父の手をぎゅーっと握《にぎ》りしめ、ときどきあまりの怖さに爪《つめ》の痕《あと》がつくほどかたく握《にぎ》りしめている。するとお化けの話はピークになって、二人して父の両腕《りょううで》にしがみつき、まるで大木《たいぼく》にとまる蟬状態《せみじょうたい》となる。

兄もわたしも恐怖におののくけれど、最後《さいご》は胸《むね》をなでおろして眠《ねむ》りについてしまう。どちらにしても、風変《ふうが》わりな親子。

ましてや、怖がらせたまま寝かせるなんて、子どもの心臓《しんぞう》にも悪《わる》いはず。ところが、わたしも兄も子ども心にこの父のお化けの話がなぜか大好き。ちょっぴり怖いけど、最後は心も体も晴れ晴れして眠りについたのである。

わたしはまだ五才。兄は小学校に入ったばかりのぴかぴかの一年生。

夕食《ゆうしょく》は、父が今夜してくれるお化けの話の予告編《よこくへん》で盛《も》り上がる。嫌《きら》いな人参《にんじん》だって、話が待ち遠《どお》しいから、わたしも兄も一口で食べることだってできた。

お風呂《ふろ》も、父の話を楽しみにしているので、泣かずに我慢《がまん》して入った。頭もお尻《しり》も全部《ぜんぶ》ひとりで急《きゅう》に洗《あら》えて、何でも自分でやってのける賢《かしこ》い兄妹《あにいもうと》に変身《へんしん》。

お化けの話は一日おき。

おねしょなんてしようものなら、一週間《しゅうかん》も上演《じょうえん》してもらえないから、必死《ひっし》だった。それでも、たまにはしてしまったが……。

夜中《よなか》にオシッコにひとりでトイレに行けないから、わたしも兄も、寝る前にはジュースなんて飲まなかったし、ぐっと我慢ができる大変よい子になった。

でも、わたしにとって大嫌《だいきら》いな肉《にく》が夕食に出される日と、このお化けの話が重《かさ》なると話は別。

肉料理《にくりょうり》が出るのは、恐怖《きょうふ》だった。

牛《うし》も豚《ぶた》も、大好きな那智をそのまま食べるのと同じみたいに思えた。カシワ（鶏《にわとり》の肉《にく》）だって、鳥《とり》だから、つがいで飼《か》っているジュウシマツのジュンちゃんとマッちゃんたちの羽《はね》をむしって食べるような気がして、子ども心に生きものを殺《ころ》して食べるという行為《こうい》がとても残酷《ざんこく》に感じていた。

早《はや》くご飯《はん》を食べて、お化けの話を聞きたい。でもお肉は食べられない。

「お肉食べへんかったら、きょうのお父ちゃんのお化けの話はありませんからねぇ〜」

と冷たい母の言葉と視線《しせん》。

「目をつぶって、鼻《はな》つまんで、早よぉ飲み込め！」

兄がしびれを切らせて、怒《おこ》ってきた。

「お前が食べへんだら、きょうはお化けの話、してもらえへんやんか！」

たたみかけるように兄が口をとがらせてわたしに怒鳴《どな》る。

ちょっと涙《なみだ》が出る。

母が食事《しょくじ》のすんだ家族《かぞく》の皿《さら》を片づけながら背中《せなか》を向けたその一瞬《いっしゅん》、兄の口に残《のこ》りの肉をすべてねじ込《こ》む。

お化《ば》けの話《はなし》に夢中《むちゅう》だったころの兄《あに》とわたし。

すると、口をもごもごさせながら、

「お母ちゃん。千恵《ちえ》は肉《にく》、ちゃんと食べたよぉ～」と、わたしに代《か》わって母に報告《ほうこく》してくれるお兄ちゃんは本当にやさしい。だけどちょっと抜けている。

何で口に肉を入れながらしゃべるのよ！　馬鹿《ばか》！

身体《からだ》が震《ふる》えるほど肉食《にくしょく》が恐怖《きょうふ》だったわたしにとって、お化けの話と肉料理《りょうり》が重《かさ》なるときは二重《にじゅう》の恐怖を味わう日だった。

ありがたいことに、当時《とうじ》はまだまだ肉は高級品《こうきゅうひん》。安月給《やすげっきゅう》のサラリーマンの家庭では、たびたび食卓《しょくたく》に上《のぼ》る食材《しょくざい》でないことが唯一《ゆいいつ》の救《すく》いだった。いっそのこと、もっと貧乏《びんぼう》ならお肉を食べなくてもすむのにと、中途半端《ちゅうとはんぱ》な貧乏さが恨《うら》めしかった。

この話は四〇年以上もむかしの話である。

いまのようにクーラーがあって、涼《すず》しい部屋で父の話を聞いているわけではない。六畳《じょう》の狭《せま》い部屋に親子四人が布団《ふとん》を敷《し》いて、扇風機《せんぷうき》もかけず、カヤを吊《つ》り、団扇《うちわ》で暑《あつ》さをしのぎながら聞くお化けの話は、それはそれは格別《かくべつ》だった。

とくに夏の夜は、風もないのに風鈴《ふうりん》がチリリン……。

小さな庭《にわ》の笹《ささ》の葉《は》が不気味《ぶきみ》にゆれて、シュッシュッとすれる……。

そのつど心臓《しんぞう》がバクバクして、ちょっとお漏《も》らししそうで、だから自分の股《また》をキュッと締《し》めながら、わたしも兄も父の話に身を乗り出して聞き入《い》ったのだった。

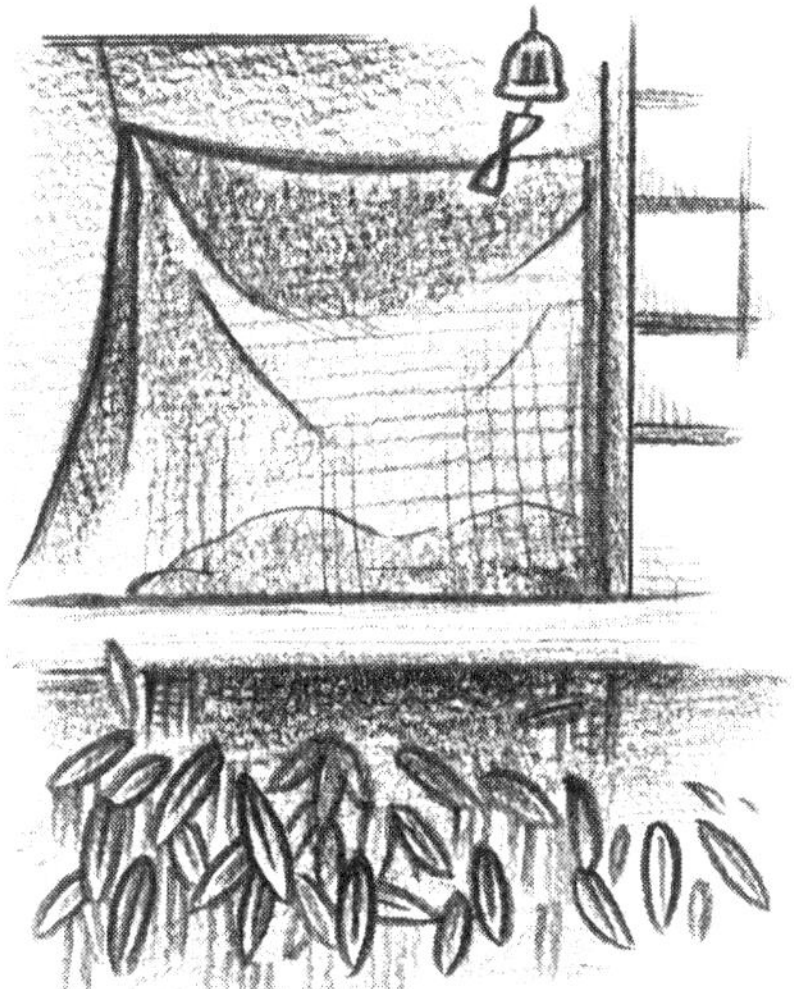

お父《とう》ちゃんはいつだってええもん

関西弁《かんさいべん》では、映画《えいが》やテレビに出てくる悪役《あくやく》は「わりもん」。悪《わる》いやつらから助けてくれる心やさしい主役《しゅやく》は「ええもん」と呼《よ》ぶ。

すなわちお父ちゃんのお化けの話は、「ええもん」と「わりもん」が単純《たんじゅん》に戦《たたか》い、その結果《けっか》いつもこの「ええもん」が勝《か》って、めでたし、めでたしで終わる水戸黄門《みとこうもん》やアメリカ映画《えいが》のシュワ（シュワルツネッガー）ちゃん主演《しゅえん》の単純明快《たんじゅんめいかい》なアメリカンヒーローストーリーである。

当然《とうぜん》この「ええもん」は、お父ちゃんに決まっていた。

幼《おさな》い兄妹《あにいもうと》にとってなぜお化けの話を、最後《さいご》まで聞くことができるのかというと、お父ちゃんはどんなすごいお化けが出てきても、この「ええもん」になって退治《たいじ》してくれるからだ。

そんな強《つよ》いお父ちゃんがいるから、自分の家には絶対《ぜったい》お化けは出ないと心底《しんそこ》信じ切っていた。

お父ちゃんの実家《じっか》の近所には、愛《あい》ちゃんというとても美人《びじん》で色白《いろじろ》なお姉《ねえ》さんがいた。ところが彼女《かのじょ》は胸を患《わずら》い、お嫁《よめ》にも行かず、母親と二人暮《ぐ》らしをしているのだが、どういうわけかお父ちゃんは、お化けにさらわれるお姫《ひめ》さまにいつもこの愛ちゃんを出演《しゅつえん》させていた。いま思うと、もしかしたらお父ちゃんは内心《ないしん》愛ちゃんを好きだったのかもしれない。

わたしも一度だけ会ったことがある。

ハーフみたいな顔立《かおだ》ちで、すごい美人のお姉さん。それにスラーッと背《せ》も高《たか》くて、デブのお母ちゃんの半分くらいの体重《たいじゅう》だった。

結核《けっかく》で胸を患う人には、色白で美人が多いと大人たちが言っているのを聞いた。自分も胸を患っているから、きっと大人になったら色白の美人になれるのだと信じていた。

だから週《しゅう》に一度かよう病院《びょういん》で打たれる注射《ちゅうしゃ》も、美人になるためなら泣いてはいけないと思っていたし、何よりも病院へつれていってくれるお父ちゃんは、めそめそ泣くとこっぴどく怒《おこ》ってくる。

美人で強《つよ》い大人になるためなら、痛みに耐《た》えなければと、必死《ひっし》で長年《ながねん》我慢《がまん》した成果《せいか》が未《いま》だに現《あら》われないのはなぜなのだろう。


ある日のお父ちゃんの話はこんなふうだ。

きれいで美人な愛《あい》ちゃんの命を奪《うば》おうと、お化けがお墓《はか》から毎夜《まいよ》出てきて、眠《ねむ》っている愛ちゃんを襲《おそ》うのだ。

お化けは、とくに心のきれいな人の命を欲しがるのだそうで、そんな悪いお化けに狙《ねら》われた愛ちゃんは、毎晩《まいばん》夜中《よなか》に眠《ねむ》っているあいだに生きる力を奪われて、どんどんやせ衰《おとろ》え、今度お化けが愛ちゃんの生気《せいき》を吸《す》い取れば、愛ちゃんは確実《かくじつ》に死ぬのだそうだ。

だれに話しても信じてもらえず、おろおろ泣き崩《くず》れる愛ちゃんのお母さんは、胸のなかの苦《くる》しみをお父ちゃんに打ち明けた。

それを聞いた「ええもん」のお父ちゃん。だまって見すごすことなんてできるわけがない。そのお化けの正体《しょうたい》を突《つ》きとめるために、お父ちゃんは愛ちゃんの家に泊《と》まり、愛ちゃんになりすまして彼女の布団《ふとん》で寝ていた。

ゴーン。ゴーン。

古《ふる》びた掛《か》け時計《どけい》が夜中の二時を打つ。

きた。きた。そうとも知らずお化けがぞろぞろやってきた。

「今夜の愛ちゃんは、なんやらいつもよりおおきいでぇ」

お化けたちのひそひそ話が聞こえる。

関西《かんさい》なまりの変わったお化けだ。

そしてお化けが、寝ている愛ちゃんの布団をそっとめくり、心臓《しんぞう》から生気を抜《ぬ》き取ろうと、細長《ほそなが》い舌《した》をヒュルヒュルと出しはじめたその瞬間《しゅんかん》、お父ちゃんが、

「こりゃーーっ!! お前ら、どこのお化けや。愛ちゃんをお前たちに渡《わた》してたまる

か！　オレと勝負《しょうぶ》だ！」

と叫《さけ》んで、ばったばったと、お化けをやっつけてくれるわけだ。

一目散《いちもくさん》に逃《に》げるお化けを、お父ちゃんはなぜか馬《うま》に乗って追いかける。

どこに馬なんていたのか、いまだもって不思議《ふしぎ》なのだが、きっと当時《とうじ》の鞍馬天狗《くらまてんぐ》とお父ちゃんは合体《がったい》しているのだろう。

お化けを追いかけていくと、いつしか人里《ひとざと》はなれた古《ふる》びた寺《てら》の墓場《はかば》にたどり着く。

そしてお化けが逃げ込んだ墓石《はかいし》を、お父ちゃんが不思議な木刀《ぼくとう》で真《ま》っ二《ぷた》つにブッタ切る。と、墓石の下からお化けたちがうめき声を上げながら、ぞろぞろ出てくる。

そのお化けたちの脳天《のうてん》めがけて、お父ちゃんは木刀で滅多《めった》切り。

最後《さいご》にお父ちゃんは、二度とこの世に出てこられないようにと呪文《じゅもん》を掛《か》け、灼熱《しゃくねつ》地獄《じごく》にお化けたちを追放《ついほう》する。

そして愛ちゃんと彼女のお母さんが泣いて喜《よろこ》び、お父ちゃんにお礼《れい》を言う。

すかさずお父ちゃんは、

「ボクでよければ、いつでも愛ちゃんを守らせてください」と言うのだそうだ。

お兄ちゃんと二人思いっきり拍手《はくしゅ》をすると、エンディングにはお父ちゃんの力《ちから》こぶもみせられる。漫画《まんが》のポパイよりすごい力こぶだ。

お父ちゃん……格好《かっこう》いい……。

その木刀は、いつもお父ちゃんが庭《にわ》で素振《すぶ》りの練習《れんしゅう》をしているビワの木でできた木刀。お父ちゃんに、

「ほら、ここがあのとき墓石を叩《たた》き割ってできた傷《きず》や」

と木刀についている傷をみせられてしまうと、いつついた傷かわからないにもかかわらず、わたしたちは、完全《かんぜん》にそれを信じ切っていた。

そんな強《つよ》いお父ちゃん。格好いいお父ちゃん。子ども心にも、大きくなったらお父ちゃんと結婚《けっこん》したい――当時のわたしは真剣《しんけん》に考えていた。

ところが、四年生になったお兄ちゃんが質問《しつもん》したひと言がきっかけで、お化けの話の回数《かいすう》が減《へ》ることになってしまった。

小学四年生なのだから、あたり前の質問なのだが、それがどうもお父ちゃんには面白《おもしろ》くなかったようだ。

「お父さん。(兄はそのころ急《きゅう》に大人びた物言《ものい》いをするようになってきていた)トトトン(お化けの話は歌の歌詞《かし》からトトトンという固有名詞《こゆうめいし》がついていた)の話やけどなー……。あれいつもお父さんがお化けに勝《か》つけど、お父さんは一回もケガしたり、食われたりしたことないのか? 何であんなようけ(たくさん、という意味《いみ》)のお化けにいつでも勝てんの?」

「……」

「幽霊《ゆうれい》とかお化けは、消えることだってできるんやで。木刀でたたいて本当に死《し》ぬのか? 死んでるお化けが何で何回も死ぬことできんの?」

「それと……あの木刀なぁ。お父さんのおらへんとき、石たたいてみたけど割《わ》れへんかったわ。ほんまに墓石《はかいし》みたいな大きい石、割ることできるんか?」

だまってお兄ちゃんの話を聞いていたお父ちゃんは、湯飲《ゆの》みに残《のこ》ったお茶《ちゃ》をぐいっと飲み干《ほ》すと、

「……お化けを退治《たいじ》することも、墓石を割ることも、お父さんやからできるんや。秘密《ひみつ》はお前たちが大人になったら教《おし》えたる。それまでしっかり勉強《べんきょう》せぇ」

と答えると、それ以上質問《しつもん》するな、という怖《こわ》い目でわたしたちをにらみ、あとは新聞《しんぶん》をもくもくと読みはじめた。

お兄ちゃんは不満《ふまん》げな顔をしていたが、すぐに外に遊びに行ってしまった。

その後《ご》、お兄ちゃんは、以前ほどうれしそうにお父ちゃんのお化けの話を聞きたがらなくなってきた。

でも実際《じっさい》のお父ちゃんは、本当に強《つよ》かった。

わたしを片手《かたて》で抱きかかえながら、スリを捕《つか》まえて、投《な》げ倒《たお》したこともあった。

またこんな小さな町でも、正月《しょうがつ》に殺人事件《さつじんじけん》があった。

お父ちゃんと一緒《いっしょ》に、お正月の挨拶《あいさつ》に親戚《しんせき》まわりをしていたときだ。

たまたまとおりがかった道で、酔《よ》っぱらい同士《どうし》のケンカがエスカレートして、人が刺《さ》されて、殺《ころ》されてしまったのだ。

わたしとお父ちゃんは、俗《ぞく》にいう殺人事件の目撃者《もくげきしゃ》になったわけだ。

刺した犯人《はんにん》は、逃げようとした。それを、お父ちゃんは取り押さえ、自分のズボンのベルトをはずして両手《りょうて》を縛《しば》りあげてしまったのだ。

犯人《はんにん》を取り押さえながら、お父ちゃんはわたしに叫《さけ》んだ。

「前のおばちゃんに警察《けいさつ》に電話してもらえ！」

わたしは無我夢中《むがむちゅう》で、先ほど訪問《ほうもん》したばかりのおばちゃんの家にかけ込み、言った。

「お父ちゃんが人殺しを電話した！」

びっくりした知り合いの叔母《おば》が、すぐさま警察に通報《つうほう》してくれた。

その夜たくさんの刑事《けいじ》さんが家にやってきて、当時《とうじ》のテレビドラマ「七人の刑事」さながらの一夜《いちや》となった。

わたしは、真っ赤な目で涙《なみだ》ぐみながら、口をぱくぱくして死んでいったおじちゃんの顔が、何年も忘れられなかった。

血がべっとりついて、くの字に曲《ま》がった包丁《ほうちょう》が、道に転《ころ》がっていた。

母と魚屋《さかなや》に買い物に行くたびに、魚をさばく包丁をみると事件を思い出して、心《しん》臓《ぞう》がドキドキした。

包丁で刺されて死んだあのおじちゃんが何か言いたそうで、お父ちゃんが何度も

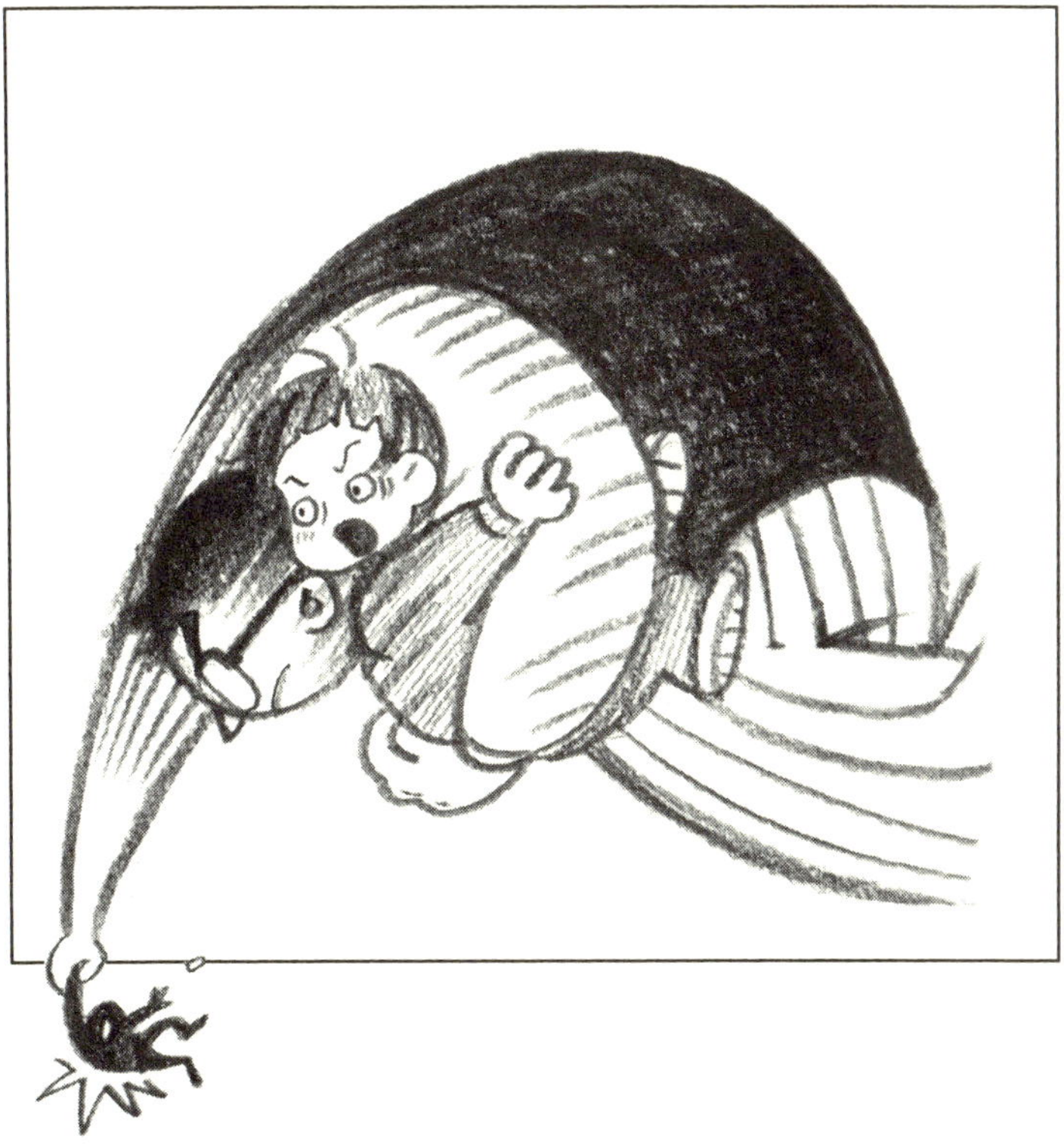

「しっかりせぇ。もうすぐ救急車《きゅうきゅうしゃ》がくるぞ」と言いながら、そのおじちゃんの口元《くちもと》に耳を近づけていた光景《こうけい》は、いまでも鮮明《せんめい》に覚《おぼ》えている。

「何か言うたの?」

「何も聞こえやんだ」

あの刺された人は何を言いたかったのだろう?

翌日《よくじつ》の新聞《しんぶん》にもお父ちゃんの名前《なまえ》が出ていた。

母は何度《なんど》も刑事さんに、「その人が刑期《けいき》を終えたあと、主人《しゅじん》に仕返《しかえ》しにきませんか?」と執拗《しつよう》に聞いていた。

そして、あのお兄ちゃんの質問《しつもん》以来《いらい》、一日おきのお化けの話は週《しゅう》に一度、土曜日《どようび》の夜だけになってしまった。

霊《れい》もお盆《ぼん》に里《さと》帰《がえ》り

わたしは小学二年生になっていた。その夏休《なつやす》みのことである。

きょうは土曜日《どようび》。お父ちゃんが早く帰ってくる日だ。

おまけにお化けの話は一週間《しゅうかん》に一度になった分、いままでより三〇分も延長《えんちょう》して話をしてもらえる。

夏休みの宿題《しゅくだい》も、きょうの分は全部《ぜんぶ》仕上《しあ》げた。何を聞かれても落《お》ち度《ど》はない。

お兄ちゃんもわたしも準備万端《じゅんびばんたん》の態勢《たいせい》でお父ちゃんの帰りを待っていた。

だけどきょうはまだ帰らない。

明日《あした》からお盆休《ぼんやす》みだから、残業《ざんぎょう》しているのだろうか？

何回も玄関《げんかん》をみにいく。

お父ちゃんが自転車《じてんしゃ》に乗って帰ってこないか、お兄ちゃんと二人で公園《こうえん》までみに行く。だんだん外も暗《くら》くなってきた。

「お父ちゃん、どうしたんやろ?」

当時《とうじ》は携帯《けいたい》電話《でんわ》どころか一般家庭《いっぱんかてい》に電話のあるところも少ない。

当然《とうぜん》わたしの家にも電話なんてなかった。

何の連絡《れんらく》もない。

「お父ちゃん……おっそいなぁー」と言いながら、お兄ちゃんはとうとう待ちきれずに眠《ねむ》ってしまった。

十二時すぎ、お父ちゃんはやっと帰ってきた。

「あれ? まだ起きてたんか?」と言いながら、わたしを天井《てんじょう》に届《とど》くくらい放《ほう》り上げて、「明日お化けの話したるからな」と笑っている。

酒臭《さけくさ》い。飲んで帰ってきたのだ。酔《よ》って帰った日はしつこいほど話をしてくれるか、早く寝《ね》るか、このどちらかしかない。

そしてきょうはそのまま酔いつぶれるように寝た。

土産《みやげ》に台湾《たいわん》バナナを買ってきてくれた。

当時、バナナはかなりの高級品《こうきゅうひん》だった。眠い目をこすりながら一本だけ大切に食べて、お兄ちゃんと並んだ布団《ふとん》に眠った。


ずいぶん眠ったような気がする。

ガサガサと、だれかが紙《かみ》を触《さわ》る音でふと目がさめた。

さっき食べたバナナを包《つつ》んであった紙を触る音だ。

(お兄ちゃんが、こっそり盗《ぬす》み食いをしているんだな)

起きて横《よこ》をみると、お兄ちゃんはスヤスヤ眠っている。

まさか那智《なち》がバナナを食べにきたわけでもないだろう。だが、ひょっとしてということもある。玄関にいる那智をみにいく。

那智も、犬なのに大きなイビキをかいて寝ている。

人間よりずっとよい耳を持っている犬なんだから、ちょっとくらい目をさましてよね、とつぶやきながら、寝ている那智の頭をなでた。

それでも那智はまだ寝ている。犬もおばあさんになってくるとかなり神経《しんけい》も鈍《にぶ》るのだろうか。そう思ってまた寝る。

気のせいだったのだ。

目をつむる。何時《なんじ》なのかわからない。

お昼のサイレンのときにみる時計《とけい》の12というところから、短《みじか》い針《はり》は2というところまではなれていたと思う。

恥《は》ずかしいが、当時《とうじ》のわたしは二年生になってもまだしっかり時計が読めなかったし、自分のなかにある時間の感覚《かんかく》は朝、昼、夕方《ゆうがた》、夜の四種類《しゅるい》しか確立《かくりつ》していなかった。

田舎《いなか》のサラリーマンの家では何年もの月賦《げっぷ》でやっとテレビを買えた時代だ。

夕方五時からはじまるアニメ(当時はテレビマンガといっていた)の時間さえ知っていればよかったたし、その四種類《しゅるい》の時間の感覚があれば、たいして不自由《ふじゆう》はなかった。

おまけに歩いて数分《すうふん》の学校が、それぞれの時間に音楽《おんがく》を流《なが》してくれていたのでそれで十分《じゅうぶん》だった。

ガサ、ガサ、ゴソ…やっぱり音がする。ゴキブリか？

しばらくテーブルの上に置いたままになっているバナナと、その包装紙《ほうそうし》を隣《とな》りの部屋からじっとみていた。

するとちょっと背筋《せすじ》が寒《さむ》く感じる。

真夏《まなつ》のはずなのに、寒い。いや冷《つめ》たい。自分の身体《からだ》が凍《こお》っていくように感じた。冷たくて、そして身体中が固《かた》くなってきて動けなくなった。

動かそうと思うだけで身体中に戦慄《せんりつ》が走る。

背中に氷水《こおりみず》を流されているみたいな感じだ。

（何！　これって何！）

とっさに（お母ちゃん！　お父ちゃん！）と大声で叫《さけ》ぼうとした。

でも、声が出ない。那智の唸《うな》り声が聞こえる。だれかいる。玄関《げんかん》にたしかにだれかがいる。

（お兄ちゃん……起きてよ）

でも、声が出ない。魔法《まほう》にかかったみたいに、お兄ちゃんも口をあけて熟睡《じゅくすい》している。

あとからわかったのだが、これが世間一般《せけんいっぱん》でいう金縛《かなしば》りの初体験《はつたいけん》らしい。

ところが金縛りだけでは終わらなかった。身体《からだ》が固まる頂点《ちょうてん》に達《たっ》しかけたとき、

『こ ん ば ん は』

家中《いえじゅう》に響《ひび》くような、低い、そして太《ふと》くて地を這《は》うような男の人の声がした。

（ぎゃーーーーー！　だれ？　こんな時間にだれ？）

でも、声が出ない。

（逃げないと）

身体《からだ》が動かない。首《くび》も動かない。

（食べられる！　お化けや！　お父ちゃんがお酒《さけ》に酔《よ》っているからきょうはお化けが出た！）

（みんなを起こさないと）

気持ちが焦《あせ》るのに身体が動かない。
声だけではない。身体中のすべてを働《はたら》かせない。
もう一度、
『こんばんは。玄関《げんかん》……開けてください』
またしても、男の人の声が家中に響く。
(怖《こわ》い、お母ちゃん、怖い、だれかきた。だれか家に入ってきたぁー)
でも声がどうしても出ない。頭のなかだけしか声が出ない。
(何で、だれもこの声が聞こえへんの?)
すると、あれほど動かなかった身体が急《きゅう》に勝手《かって》に動いて、いつの間にか一瞬《いっしゅん》で
自分が玄関に立っている。
(何で?)
さっきまでぴくとも動かなかったのに、あっという間に自分は玄関にいる。
そして……玄関のガラス越《ご》しに人が立っている影《かげ》がみえた。
ちらっと那智をみる。

さっきまで唸《うな》っていたはずなのに、スヤスヤ寝《ね》ている。

(どうして? どうしてだれも起きへんの?)

足が震《ふる》える。

体中《からだじゅう》の骨《ほね》が震えて音を立てている。

カクカクするその震えが、恐怖《きょうふ》を募《つの》らせている。

鍵《かぎ》のかかった玄関《げんかん》をすり抜《ぬ》けて、みたことのない服《ふく》を着た、浅黒《あさぐろ》い肌《はだ》の、ひげ面《づら》の背《せ》の高い人が目の前に立ちはだかった。

黄色《きいろ》がかった緑色《みどりいろ》の上下《じょうげ》の服を着て、帽子《ぼうし》をかぶり、

「陸軍《りくぐん》○○第一二師団《しだん》 △山○男はただいま帰還《きかん》しました!」

と言って、わたしに敬礼《けいれい》した。

「お、お、おじちゃん、あんた……だれ?」

と言おうとして、わたしはそのまま失神《しっしん》した。

その朝——。目がさめたわたしは、

（あれは夢《ゆめ》だったのか？）

と思った。するとお母ちゃんの大きな声が聞こえた。

「これ！　またあんたは那智のところで寝たの？　蚊《か》に食われるで、こんなところで寝たらあかんて何度も言うたやろ！　あほやなぁ」

夢ではない。わたしはやはり玄関にいる。

すると昨日《きのう》のおじちゃんは一体《いったい》だれ？

そう考えると、怖《こわ》くなった。

体中をなでてみた。

どこもお化けに食われていないようだ。

ちょっとホッとしたが、まだ昨夜《さくや》の恐怖《きょうふ》が身体《からだ》の奥《おく》のほうに残っている。

だが、もしかしたら愛ちゃんみたいに寝ているあいだに命を吸《す》われていたらどうしようと思うと、恐怖がよみがえってきた。

朝ご飯《はん》も食べる気になれないほど憔悴《しょうすい》しきって、頭がぼーっとしている。

その日の午後《ごご》、前の家になにやら、たくさんの人がきていた。

市役所《しやくしょ》の人とか、黒《くろ》い服《ふく》を着た人とか、窓《まど》からみていると男の人のお客《きゃく》さんで一《いっ》杯《ぱい》だ。

夕食《ゆうしょく》のとき、お母ちゃんがお父ちゃんに、

「前の□山さんのお家《うち》、戦争《せんそう》に行って行方《ゆくえ》不明《ふめい》だった弟《おとうと》の○男さんの遺骨《いこつ》がガタルカナルでみつかったらしいよ。ちょうどお盆《ぼん》やから帰ってきたのやろか？」

と、話している。

（あっ、その名前、夕《ゆう》べのおじちゃんが言うた名前や……）

そう思ったが、親が怒《おこ》りそうな気がして言えなかった。

ガタルカナル……何それ？　戦争、それって映画《えいが》みたいにピストルを撃《う》ち合いする人たち？

だが、両親の話をつなぎ合わせるうちに、何となくわかった。

自分がみた人は前の家のおじいさんの弟《おとうと》で、戦争《せんそう》とかいう仕事《しごと》をしにいって死んだ人なのだと。その人の骨《ほね》だけが、帰ってきたのだ。

二年前の正月《しょうがつ》明《あ》けに死んだおじいちゃんと同じように骨になったけど、骨より先

に幽霊《ゆうれい》になって帰ってきたのだと。

(なんや、お盆《ぼん》で家に帰ってきただけなのか)

と思うと、昨日《きのう》の夜のできごとが、呆気《あっけ》ないほど急《きゅう》に怖《こわ》くなくなった。

それどころか、あのおじちゃんがちょっとかわいそうに思えてきた。

でも、どうして家を間違《まちが》ったのだろう?

「おじちゃんのお家は、あたしの家の前ですよ」

と、教えてあげられなかったことがとても悔《く》やまれた。

小学二年生のわたしは、そのことがあってから、

(死んだ人も、たまには家を間違えるのだ……)

ということがわかった。そして、あの霊《れい》となったおじちゃんは、もしかしたらバナナが食べた

かったのかもしれないことも。

（お腹《なか》すかして帰ってきたのや。お盆《ぼん》はみんなお腹すかして帰ってくるのか。そういえば、お盆には仏壇《ぶつだん》にたくさんお供《そな》え物が増《ふ》える。みんなあれを食べるために帰ってくるのや）

そう思うと、残っているバナナをみんなあのおじちゃんにあげたくなって、きれいな包装紙《ほうそうし》で包《つつ》みなおして、お母ちゃんと一緒《いっしょ》に、前のおじいさんのところにお供《そな》えとして持っていった。

（おじちゃん、たくさんバナナ食べてね）

と心のなかでつぶやきながら、わたしは何だか晴れ晴れとした気持ちで、仏壇《ぶつだん》の前で手を合わせていた。

ヒトダマ

その後《ご》、バナナとおじちゃんの件《けん》を、両親《りょうしん》に話した。

しかし両親は笑って、わたしの話を最後《さいご》まで聞こうともしない。

わたしがしきりに前の家の死んだおじさんに会ったし、名前も聞いたのだと言い張《は》ったためか、父はとうとうその日を境《さかい》に、お化けの話をやめてしまった。

自分が長年《ながねん》聞かせてきたお化けの話で、娘《むすめ》の頭をおかしくしてしまったのかもしれない。結核《けっかく》がやっと治《なお》ったばかりの娘が、今度は頭が異常《いじょう》になっては大変《たいへん》だ——と思ったのだろう。

だが、父の話を聞けなくなった不満《ふまん》からか、わたしの不思議《ふしぎ》な体験《たいけん》は反対《はんたい》につぎつぎと増《ふ》えていった。

それらは、幻覚《げんかく》だったのか、それとも妄想《もうそう》だったのか。いずれにしても、経験《けいけん》したことに変わりない。

＊　　＊

四年生のときのことだ。

右斜向《みぎはす》かいの家に、チカちゃんというお姉《ねえ》さんがいた。絵《え》がとても上手《うま》くて美人でやさしくて、わたしの憧《あこが》れの人だった。そのお姉さんと、二階《かい》の窓《まど》の手すり越《ご》しにおしゃべりをするのが大好きだった。

その日も、手すり越しに話をしていた。すでに、夜の八時をまわっていた。チカちゃんの、大きくなったらデザイナーになりたいという夢《ゆめ》の話をワクワクしながら聞いていた。途中《とちゅう》で急にチカちゃんが「トイレにいってくるわ。ちょっと待ってて」と言って、下に降《お》りていった。

彼女を待っているあいだ、ふと反対側《はんたいがわ》の家をみると、白熱灯《はくねつとう》のような光がみえる。

「あれ？　あんなところに電柱《でんちゅう》あったかな？」

だがよくみると、ふわふわ動《うご》いている。電柱の光ではない。

おまけに形が丸かったり楕円《だえん》になったり、ころころ変わりながら動いている。

よくみると、青白いしっぽのようなものがある。そしてゴーッと小さな低い音を立てていた。

すぐ二階《かい》で一緒《いっしょ》に寝ている祖母《そぼ》を呼んだ。

父方《ちちかた》の祖母は祖父《そふ》が死んでから、わたしたちと同居《どうきょ》することになった。

祖母はその光をみるなり、「南無阿弥陀仏《なむあみだぶつ》、南無阿弥陀仏《なむあみだぶつ》」と手を合わせて唱《とな》えはじめた。すると、光は向かい斜《なな》め前の家の軒《のき》を数回往復《おうふく》したあと、家のなかへとスーッと消えていった。

わたしはすぐ下に降りて両親に、

「前の△○さん、きっとだれか死んだよ。光が家のなかに入るのをみた！」

と、報告《ほうこく》した。両親は二人して眉間《みけん》にしわを寄せながら、

「アホなこと言うたらあかん！　目の錯覚《さっかく》や」

と、母は怒《おこ》って言う。

「ほんまや！　おばあちゃんも一緒《いっしょ》にみたモン。絶対嘘《ぜったいうそ》言わへん」

「アホっ！　ええ加減《かげん》にせぇ。そんなこと聞いたら△○さんとこ嫌《いや》がるぞ。二度と言うたら拳骨《げんこつ》や！　ええか。拳骨食《く》らうぞ！」

とうとう父も怒《おこ》りだした。

あんなにお化けの話を散々《さんざん》していたくせに、いまさら何を言うのかと、わたしは不満《ふまん》をあらわにして口を突《つ》き出し、反論《はんろん》する。

「本当や、嘘《うそ》なんか言うてない……」

しかし――

その翌日の朝早く、△○さんの家のおじいさんが亡《な》くなった。

おじいさんは、その家に住んでいたわけではなかった。その家のおばあちゃんのお父さんだった。そして、おじいさんは、娘《むすめ》であるおばあちゃんをとても可愛《かわい》がっていたそうだ。だからヒトダマになって、最期《さいご》におばあちゃんに会いにきたのだろう。

それも当時《とうじ》一番速《はや》いといわれた、大阪《おおさか》から東京《とうきょう》に開通《かいつう》したばかりの新幹線《しんかんせん》のコダマではなく、ヒトダマに乗って。

あのとき教《おし》えてあげられたら、おばちゃんはおじいさんの臨終《りんじゅう》に間に合ったかもしれないのに、と思って悔《く》やんだ。そして、ヒトダマになってやってきたおじいさんにごめんねと謝《あやま》った。

その後《ご》も二度、ヒトダマをみた。

一度は中学《ちゅうがく》のクラブの帰り。真っ暗《くら》なたんぼのあぜ道を友だちと歩いていると、頭上《ずじょう》をゴーッと音を立てて勢《いきお》いよく飛ぶヒトダマをみた。

あっ！　という間もない速さで、新墓《しんばか》という大きな墓場《はかば》に向かって飛んでいった。翌日《よくじつ》、登校《とうこう》途中《とちゅう》の家に喪中《もちゅう》の張《は》り紙《がみ》がしてあった。

それから三〇才の時にもう一度。

母方の祖父《そふ》が危篤《きとく》という電話が夜中《よなか》にかかった。

その当時《とうじ》、わたしは一人で伊勢《いせ》市の△△町に住《す》

んでいた。たまたま母が泊《と》まりにきていて、その知らせを受けた。兄《あに》は飲みに行ったあと、酔《よ》いつぶれて起きないらしい。

車をガレージから出して、自転車《じてんしゃ》でこちらに向かっている父を外で待っていた。すると、西《にし》の空《そら》がぱっと明るくなったかと思うと、大きなヒトダマが母とわたしのほうに向かって飛んできて、わたしたち二人の姿《すがた》を確認《かくにん》し、家の屋根《やね》の上で一瞬《いっしゅん》とまってからスッと消えた。

すぐに叔母《おば》に電話を入れると、いま息《いき》を引き取ったばかりだという。

祖父《そふ》は、わたしの新しい家をずっとみたいと言っていた。

血圧《けつあつ》も高く体調《たいちょう》をくずしていたので、正月《しょうがつ》が明《あ》けたらみに行くといって楽《たの》しみにしていた。だがその家もみないまま亡《な》くなった。

祖父の御霊《みたま》はわたしの新《あたら》しい家を見、母とわたしをみて安心《あんしん》したのだと思う。

母が、

「やっぱりヒトダマってあるんやな……」

と、涙《なみだ》ぐみながらわたしに言った。

T先生《せんせい》

「学校《がっこう》の怪談《かいだん》」。こんなタイトルの映画《えいが》が、かつて上映《じょうえい》されたことがある。

子ども向けにつくられている割《わり》には、大人がみても十分怖《じゅうぶんこわ》い。

だれしもが、日が暮《く》れたあとの人気《ひとけ》のなくなった学校に、言いしれぬ恐怖《きょうふ》を抱《いだ》いている。その恐怖を映像化《えいぞうか》した作品《さくひん》は、つぎつぎと続編《ぞくへん》が製作《せいさく》されるほど、人気《にんき》を博《はく》した。

わたしも、たった一度だけ学校の怪談に似《に》た経験《けいけん》がある。

怪談というにはあまりにも、もの悲《がな》しい物語《ものがたり》なのだが……。

＊　＊

中学《ちゅうがく》に入学《にゅうがく》と同時に、養護《ようご》の先生が赴任《ふにん》してきた。

ぽちゃっとしたチャーミングな女性《じょせい》で、わたしは一目で好きになってしまった。

小学校《しょうがっこう》時代《じだい》にかなりの大病《たいびょう》をしていたので、母はあえて養護の先生に病歴《びょうれき》を伝え、中学生活を無事《ぶじ》終えられるようお願《ねが》いしていた。

中学に入学して一ヶ月後《ご》、伊勢《いせ》市は二〇年に一度の伊勢神宮の大祭《たいさい》があった。二〇年に一度、社《やしろ》をすべて新調《しんちょう》する千年以上もつづいている大規模《きぼ》な祭《まつ》りである。その御用材《ごようざい》となる長野の諏訪《すわ》から切り出された巨大《きょだい》な杉《すぎ》の木を、神民《じんみん》が一団《いちだん》となって大きな御木曳車《おきひきぐるま》に乗せ、それを大勢《おおぜい》の人々が太《ふと》いロープで曳《ひ》きながら、市内《しない》を練《ね》り歩く。

木遣《きや》り歌や伊勢音頭《おんど》、あらゆる催《もよお》しが一斉《いっせい》になされ、向かい合って引っ張る綱《つな》同士を絡《から》めて、ケンカ祭りのようなこともするのでかなりのケガ人も出ていた。

その祭りの最中《さいちゅう》に、わたしは何千人もが一斉に持ち上げたロープに足を取られ、電柱《でんちゅう》の真上《まうえ》まで放《ほう》り上げられ、逆《さか》さまにコンクリートの上にたたきつけられた。

「グシャッ」という音が聞こえたと、わたしが落下《らっか》するのを目の前でみていた理科《りか》の先生があとから教《おし》えてくれた。

だれしもが即死《そくし》したと思ったらしい。

いや即死でなくても、頭蓋骨《ずがいこつ》がつぶれたと思ったようだ。それくらいすごい音がしたらしい。

だがわたしは、右骨盤《みぎこつばん》と大腿骨《だいたいこつ》を骨折《こっせつ》しただけで、どうにか生きていた。

病院《びょういん》に運《はこ》ばれて気がつくと、腰《こし》から下が動かない。そしてすごく重《おも》い。下半身《かはんしん》が石膏《せっこう》で固められていたのだった。

このケガがもとで、右の卵巣《らんそう》は腹腔《ふっこう》に癒着《ゆちゃく》し、その後《ご》の成長《せいちょう》がとまった。

全治《ぜんち》六ヶ月の大ケガだったが、ドクターが驚《おどろ》くほど回復《かいふく》が早かったわたしは、松葉杖《まつばづえ》をつきながら、みんなに遅《おく》れたくないという一心《いっしん》で、登校《とうこう》した。

そして、足の痺《しび》れが取れないまま、片足を引きずりながらもクラブのバスケットクラブに復帰《ふっき》、せっせとボール拾《ひろ》いに精《せい》を出した。

やっとまともに歩け、走れるようになったのもつかの間、今度は虫垂炎《ちゅうすいえん》になって緊急手術《きんきゅうしゅじゅつ》になった。

そのとき小腸《しょうちょう》を五〇センチほど切った。

九月の半《なか》ばに手術《しゅじゅつ》をし、十月の暮《く》れのマラソン大会に無理矢理《むりやり》に出場《しゅつじょう》したわたしは、手術痕《こん》から出血《しゅっけつ》して、真っ白なトレーニングパンツにまで血がにじんでいた。

そして縫合《ほうごう》の痕《あと》から糸が出てきていた。


そんな大ケガや大病《たいびょう》のあるわたしを、いつも陰《かげ》で見守ってくれたのが、この養護《ようご》のT先生だった。

当時《とうじ》、体育館《たいいくかん》もなく、運動場《うんどうじょう》で夜遅《おそ》くまで練習《れんしゅう》するわたしを、窓《まど》からいつも手を振《ふ》って応援《おうえん》してくれていた。

ところが、わたしが中学《ちゅうがく》二年の正月《しょうがつ》のことだった。

その日はクラブのOB《オービー》も集《あつ》まって初《はつ》ゲームをしたり、先輩《せんぱい》たちと遊《あそ》んだりする一年に一度の交流会《こうりゅうかい》である。

その日の朝早く、枕元《まくらもと》にだれかが立ってわたしの顔をのぞき込んでいるような気配《けはい》で目がさめた。

みるとT先生が立っている。

悲《かな》しい顔でわたしを無言《むごん》でみつめ、人形《にんぎょう》を抱《だ》いていた。

『T先生！　どうしたん？』と言おうとしたら、スーッと姿《すがた》が消えた。

朝、クラブに行く途中《とちゅう》、そのことを同級生《どうきゅうせい》に話すと、

「あんたはT先生のこと好きやで、夢《ゆめ》みたのとちがう？」と言っていた。

市内《しない》の高校《こうこう》の体育館を借《か》りて開かれた初ゲームがはじまりかけたとき、コーチが電話《でんわ》で呼び出された。

学校の校長《こうちょう》先生かららしい。

顔色《かおいろ》を変えてコーチが戻ってくると、わたしだけを呼《よ》び、

「T先生がえらいことになった。お前あの先生から何か聞いてないか？」

と尋《たず》ねられた。

「何も聞いていません。T先生に何かあったのですか？」

コーチは首《くび》を横《よこ》に振《ふ》った。だが、コーチのその質問《しつもん》のしかたで、すべてが納得《なっとく》できた。尋常《じんじょう》でないことがT先生の身に起こったのだ。

彼女《かのじょ》が何を思い、何を悲《かな》しんでいたのかわからない。

そして、なぜ最期《さいご》にわたしに会いにきたのかもわからない。

何もわからないまま、大好きなT先生が自分の目の前から永久《えいきゅう》に消えてしまったという事実《じじつ》だけが残《のこ》った。

その年の夏休み。わたしは中学《ちゅうがく》三年生になっていた。T先生が亡《な》くなって、半年《はんとし》以上がすぎていた。

県大会《けんたいかい》をまぢかにひかえて、学校《がっこう》でクラブの合宿《がっしゅく》がはじまった。

生まれて初めての合宿に大喜《おおよろこ》びのわたしたちは、夜《よる》、肝試《きもだめ》しをすることになった。

プールに通じる渡《わた》り廊《ろう》下《か》をひとりで歩いて帰ってくることができるかどうか——お菓子《かし》を賭《か》けて競《きそ》い合うという、単純《たんじゅん》なものだった。

みんな悲鳴《ひめい》を上げたり、途中《とちゅう》で半《はん》泣きで帰ってきたりの大騒《おおさわ》ぎ。

わたしの番《ばん》だ。ひとりで暗《くら》い廊下を歩く。

非常口《ひじょうぐち》と書かれた非常灯《ひじょうとう》の緑色《みどりいろ》が、異常《いじょう》に明るく感じる。

何か、だれかに呼《よ》ばれるような気がして、わたしは反対方向《はんたいほうこう》の保健室《ほけんしつ》に向かって歩いていった。

やはりいた……T先生。こっちを向いて手を振《ふ》っていた。

怖《こわ》くなかった。手を振り返して、

(県大会、きっと優勝《ゆうしょう》するからみててね)

と心のなかでつぶやいた。わたしはこのことをだれにも言わないでいた。わたしにだけ姿《すがた》をみせてくれる先生が、怖《こわ》いよりわたしはうれしく感じていたからだ。

ところがその後《ご》、学校のあちらこちらで死んだT先生をみたという噂《うわさ》が広がってきた。T先生の姿をみたという新《あたら》しく赴任《ふにん》してきた家庭科《かていか》の先生は、一年も経《た》たぬ間に依願退職届《いがんたいしょくとど》けを出して辞《や》めていったと聞いている。

だが、わたしはT先生のことを幽霊《ゆうれい》だとかお化けだとか、思いたくはなかった。
姿が変わっても、わたしに手を振ってくれるT先生は、いつまでもわたしにとってT先生のままだっ

た。

なぜ彼女が学校にいるのかはわからない。

でも納得《なっとく》するまできっとここに留《とど》まりたいのだろうと思った。

＊　＊

それから八年がすぎた。

わたしは大学《だいがく》の教育実習《きょういくじっしゅう》という名目《めいもく》で再《ふたた》び母校《ぼこう》を訪《おとず》れることになる。何よりも気になっていたのはT先生のことだった。

案《あん》の定《じょう》、T先生はわたしを待っていた。

下駄箱《げたばこ》の向こう側《がわ》にある保健室《ほけんしつ》。その前に白衣《はくい》を着て笑って立っていた。

「わたしを待っててくれたの?」と聞くと、コクンとうなずいた。

(もう気がすんだ?　八年もすぎたよ。そろそろ向こうにいかないと出遅《おく》れるよ)

と笑って心のなかで言うと、T先生は手を振《ふ》って消えていった。

T先生は、もう二度と学校には戻《もど》らない。そう感じた。それはわたしが大人になって、彼女の心の痛みが少しは理解《りかい》できたからかもしれない。

黒猫《くろねこ》とお婆《ばあ》さん

私の家の裏《うら》に百三才のお婆《ばあ》さんがいた。気丈《きじょう》な人で、若いときは芸者《げいしゃ》で身を立て、ずっと生涯独身《しょうがいどくしん》をつらぬいた人だ。

百才近《ちか》くでも自分で洗濯《せんたく》をし、料理《りょうり》も何もかも自分でやっていた。ほんの少しの晩酌《ばんしゃく》が何よりも楽《たの》しみだというお婆さんは、なかなか粋《いき》な女性《じょせい》だった。

少し足元《あしもと》がふらつくようになってから、わたしの家にお風呂《ふろ》に入りにきたり、週《しゅう》に一度は家族同様《どうよう》に一緒《いっしょ》に夕食《ゆうしょく》をとり、テレビをみてくつろぎ、わたしと母が裏の家にまで見送ったりしていた。

しかし、百三才になったとき、九月の敬老《けいろう》の日に市長《しちょう》から長寿《ちょうじゅ》を祝《いわ》う表敬訪問《ひょうけいほうもん》をされたのを境《さかい》に寝込《ねこ》んでしまった。一気に枯《か》れていくように弱《よわ》ってしまったお婆《ばあ》さんは、翌月の十月の中ごろ、息を引き取った。

その日は高校の中間テストの時期《じき》。

母も外出中で、同じ高校にかよう兄と二人、家でテレビをみていたのだが、些細《ささい》なことがきっかけで兄妹ゲンカがはじまった。

男兄弟《おとこきょうだい》顔負け、格闘技《かくとうぎ》さながらの兄妹ゲンカで、わたしは不覚《ふかく》にも身長《しんちょう》一八五センチを越《こ》えた兄のまわし蹴《げ》りをまともに顔面《がんめん》に受けて、そのまま失神《しっしん》した。

帰ってきた母親が「怪談《かいだん》・お岩の亡霊《ぼうれい》」さながらに赤黒《あかぐろ》く腫《は》れあがったわたしの顔をみて絶叫《ぜっきょう》したほどだ。

すぐ近くの病院《びょういん》に運《はこ》ばれると鼻骨《びこつ》骨折《こっせつ》、頬骨《ほほぼね》のひび、前歯《まえば》を折り、視神経《ししんけい》麻痺《まひ》まで起こしていた。

顔はゴム風船《ふうせん》のように腫れあがり、目は潰《つぶ》れ、ちょっとしたボクサーの気分だ。兄は、まさか自分の打撃《だげき》で妹《いもうと》がこれほどまでになるとは思わなかったのだろう。

しかし、二八センチ近くもある大きな足で、勢《いきお》いをつけてまわし蹴りをされたのだから、あたり前ではないのか。

二才しかちがわない兄といつも互角《ごかく》でケンカをしてきたが、一気に背が伸《の》びた兄は、想像《そうぞう》以上に強くなっていた。

兄自体《じたい》も、自分《じぶん》の力加減《かげん》がわからなかったのだろう。

わたしに口で負ける分、力で押さえ込もうとしていた。

兄は一晩中《ひとばんじゅう》病院につきっ切りで、泣きながらわたしの顔を氷《こおり》で冷《ひ》やしてくれていた。気の強いわたしは、こんな大ケガをしたにもかかわらず、兄のあの足蹴りを今度どのように防《ふせ》ぐのか、頭は次に兄を倒《たお》すことだけを考えていた。

その兄妹ゲンカのせいで、お婆さんの通夜《つや》にも葬式《そうしき》にもわたしは出ることができなかった。

四九日もすぎた、十二月のはじめごろ。

期末テストをひかえて夜遅《おそ》くまで起きていると、外で雪駄《せった》と杖《つえ》をつく音がする。お婆さんの歩く音だ。

わたしはお婆さんが亡《な》くなる朝のことを思い出していた。

その朝、わたしが歯を磨《みが》いているとお婆《ばあ》さんの膝《ひざ》から下の足が鏡《かがみ》のなかにみえた。真っ白な足袋《たび》をはき、濃《こ》いベージュの鼻緒《はなお》でできた雪駄《せった》をはいて、玄関《げんかん》から外へ出ようとしている。

急《いそ》いで口をすすぎ、まだ寝ぼけている自分の顔を冷たい水で勢《いきお》いよく洗《あら》った。目の錯覚《さっかく》だと思ったが、お婆さんの容態《ようだい》が思わしくないことは知っていた。テストが終わってから見舞《みま》いに行こうと思いながら、お婆さんはその日の朝に亡《な》くなった。

この鏡《かがみ》だけではない。お婆さんが亡くなる一週間ほど前から、お婆さんが草履《ぞうり》をはいて外に出かけていく膝《ひざ》から下の足元《あしもと》だけの姿《すがた》がみえていた。

何かが、何度もわたしに知らせてくれていたのに、そのお婆さんの葬儀《そうぎ》にも出られない自分が不義理《ふぎり》な人間に感じて、お婆さんに申《もう》しわけなく思っていた。

だから、四九日をすぎて、お婆さんがわたしに会いにきたのだと思った。杖《つえ》をつく音と足音は、数分《すうふん》すると消えた。

翌日《よくじつ》もわたしの家の前と二、三軒隣《とな》りまで歩く音がする。

静《しず》まり返《かえ》った夜中《よなか》の道に、コツン、コツンと杖《つえ》の音とジョリ、ジョリという草履《ぞうり》を引きずる音が交互《こうご》に聞こえる。べつに怖《こわ》くはないが、お婆《ばあ》さんが成仏《じょうぶつ》できないでいるのではないかと思うと、そのほうが気になっていた。

テストも終わり、たまたま同じ高校《こうこう》にかよう近所の一才年下のタカちゃんと登校《とうこう》する時間が同じになった。

子ども時代はよく遊《あそ》んだが、中学《ちゅうがく》でクラブもちがえば、高校に入ってからは話を交《か》わしたこともなかった。

そのタカちゃんと久《ひさ》しぶりに会い、話に花を咲《さ》かせていると、タカちゃんが、「千《ち》恵《え》ちゃん。夜中に起きとるとき、杖《つえ》つく音聞いたことない？」と尋《たず》ねてきた。

わたしだけだと思っていたらタカちゃんも同じ経験《けいけん》をしている。ちょっとうれしかった。しかしタカちゃんは男のくせに、面白《おもしろ》いほど怯《おび》えている。

話を聞くと、同じ時間、同じ日から二人は同時に、例《れい》の雪駄《せった》と杖《つえ》の音を聞いているようだった。

それできょうも遅《おそ》くまで起きて、音が聞こえたら一緒《いっしょ》に窓《まど》を開けようと約束《やくそく》した。

さて、その日の夜のことだ。時計《とけい》が夜中《よなか》の十二時をまわった。コツ、コツ、ジョリ、ジョリ。

音が聞こえる。

同時《どうじ》に二人して窓《まど》を開けた。

二階《かい》から下をみると、何と大きな黒猫《くろねこ》が歩いていた。

わたしたち二人が窓を勢《いきお》いよく開ける音に驚《おどろ》いたのか、大きな声で「ニャァー」と一鳴《な》きして走り去った。

お婆《ばあ》さんは黒猫を飼っていたわけではない。どちらかといえば動物《どうぶつ》は苦手《にがて》なほうだったと思う。また近所でもこんな大きな黒猫をみたことがなかった。

翌日《よくじつ》、お婆さんが亡《な》くなったあと、遠縁《とおえん》のおばさんが住んでいるので、仏壇《ぶつだん》を拝《おが》みに行きながら、このことをおばさんに言うと、

「お婆さんなぁー、死ぬちょっと前に千恵《ちえ》ちゃんやタカシちゃんも立派《りっぱ》になったやろうな。会いたいって、言っていたんだよ」

と教《おし》えてくれた。その言葉を聞いてますます申《もう》しわけなくて、涙《なみだ》が出てお婆さん

に何度もごめんと謝《あやま》った。

足が悪《わる》いから、お婆《ばあ》さんは猫に御霊《みたま》を乗せて、わたしたちにいつも会いにきてくれていたのだ。

むかしから、死人《しにん》は黒いカラスや猫に姿《すがた》を変えてやってくるというのを聞いたことがあるが、お婆《ばあ》さんは本当《ほんとう》に猫に姿を変えてやってきたのだ。

独《ひと》り者でちょっと気むずかしいお婆さんだったが、わたしとタカちゃんにはいつも笑顔《えがお》でやさしかった。近所でもお婆さんの家にあがって遊《あそ》んだのはわたしとタカちゃんだけだ。

そのお婆さんを、きちんと見送ってあげられなかった。

どの人もどんな生きものも、別れの言葉が必要《ひつよう》なのだ。送るという行為《こうい》は、残っている者の務《つと》めなのだ。

人《ひと》と動物《どうぶつ》の魂《たましい》のつながり

ゴリラも弔《とむら》いをするらしい。

魂《たましい》が形《かたち》を変えてつながるための儀式《ぎしき》だということを、動物《どうぶつ》たちは知っているのかもしれない。

象《ぞう》は人間に銃《じゅう》で撃《う》たれた仲間《なかま》の一頭《とう》を、みんなで身体《からだ》を支《ささ》えながら安全《あんぜん》な場所《ばしょ》に運《はこ》ぶそうだ。安全な場所で息を引き取らせたあとに、確実《かくじつ》に弔いの形ではないかと考えられるように、死体《したい》に砂《すな》がかけられているというテレビ番組《ばんぐみ》をみたことがある。

また、人に聞いた話だが、仲間の象が倒《たお》れると、死んだ象の牙《きば》をぬくこともあるそうだ。人間が牙を欲しがる。この牙のせいで殺《ころ》されたとわかっているのだろう。まるで狂《くる》ったように死んだ仲間《なかま》の牙《きば》をぬく象の映像をみたという話を聞いて、いたたまれない気持ちになった。

動物《どうぶつ》ですら仲間《なかま》の死を弔《とむら》い、死を悲《かな》しむ。

平成六年に、一六才になるピーコという犬を失《うしな》った。この犬は乳癌《にゅうがん》になり、そのうえ癌《がん》が全身《ぜんしん》に転移《てんい》して、最後《さいご》は腸閉塞《ちょうへいそく》になってしまった。痛《いた》みでのたうちまわるピーコを、わたしは獣医《じゅうい》からもらった注射《ちゅうしゃ》を筋弛緩剤《きんしかんざい》とも知らず、ひたすら楽《らく》に死なせてあげたくて、注射を打って殺《ころ》してしまった。

わたしはそのときの苦《くる》しみと悲しみを、いまでも乗り越《こ》えられないでいる。ふとピーコを思い出すと、胸が張り裂《さ》ける。苦しくなって、頻脈《ひんみゃく》を起こしそうになる。生死《せいし》を彷徨《さまよ》うほどの大病《たいびょう》に倒《たお》れた時点《じてん》で、正直《しょうじき》このままピーコのそばにいけるなら、それでよいとさえ思った。

べつに自殺願望《じさつがんぼう》があったわけではない。死んでも悔《く》いはないという気持ちだった。それがわたしの定《さだ》めなら、無駄《むだ》に抵抗《ていこう》をするよりは、できる限《かぎ》り冷静《れいせい》に己《おのれ》の寿命《じゅみょう》の尽《つ》きるのを受け入れたいと考えていた。

だがピーコは、あの世からわたしを生き返《かえ》らせてくれた。

その大病のとき、わたしは急患《きゅうかん》として救急室《きゅうきゅうしつ》のベッドに横たわっていた。体温《たいおん》がどんどん低下《ていか》していく。そんなとき、ピーコは魂《たましい》としてわたしのそばに寄り添《そ》い、わたしの身体《からだ》を温《あたた》めてくれた。

死してもなお、ピーコはわたしのことを心配《しんぱい》し、守ろうとしてくれている……。

ピーコがわたしに、まだやり残《のこ》したことがあることを教《おし》えてくれたのだ。

この経験《けいけん》がわたしを動物救済活動《どうぶつきゅうさいかつどう》に導《みちび》いてくれたのだと思っている。そして本《ほん》を書くなどという大《だい》それたことをする勇気《ゆうき》すらわたしにくれた。

ピーコはその当時《とうじ》、飼っていた四匹の犬のなかでは、最高齢《さいこうれい》であり、我《わ》が家《や》の「長女《ちょうじょ》」でもあった。そのピーコが死んだとき、残された妹《いもうと》や弟《おとうと》の三匹は、ピーコが納《おさ》められた棺《ひつぎ》のまわりから離《はな》れなかった。

そして、当時のピーコの一番下の妹だったユリコも、ピーコの死から七年後の平成十三年十月二一日に一九才と四ヶ月で他界《たかい》した。

ピーコが亡《な》くなったあとに、あらたに家族として加《くわ》わったビーグルのゴンタは、ユリコが死ぬ一日前には、ユリコが目をさますたびに彼女の顔をなめ、彼女の眠《ねむ》るベッドに寄り添《そ》い、少しずつ体温《たいおん》が低下《ていか》していくユリコを温《あたた》めるように、そして一人旅立つユリコを見守るように、そばから離《はな》れようとしなかった。

そしてユリコが息を引き取ると、何度もその死を確認《かくにん》するかのようにお尻《しり》の臭《にお》いを嗅《か》ぎ、顔をのぞき、まわりをうろうろしはじめた。

そしてその夜は、七年飼っていて初めての遠吠《とおぼ》えを夜中《よなか》にしはじめたのである。まるでユリコの死が耐《た》えられないとでもいうように、ゴンタは泣いた。

わたしの布団《ふとん》の上にちょこんとすわり、目に涙《なみだ》をためて、「ウォーッ、ウォー」と何度も何度も泣くゴンタをわたしは思いきり抱《だ》きしめた。

翌日《よくじつ》、ユリコを棺《ひつぎ》用《よう》の段ボール箱《ばこ》に入れ、花を飾《かざ》っているあいだ、ひとときも離れずにわたしたちがすることをじっとみている。

花がユリコの顔にかぶさると、何を思ったのか大慌《あわ》てでその花を自分の鼻でどけて、ユリコの顔をみつめている。

何度も花で飾られるユリコの顔と、「これからどうなるの?」とでも言いたげな目

つきで、問《と》いかけるようにわたしたちの顔をのぞき込む。

ユリコの弟や妹のリクもメリーも、ユリコの死を理解《りかい》していた。大好きな散歩《さんぽ》もさほど喜《よろこ》びもせず、三匹は悲《かな》しげな顔でユリコの棺《ひつぎ》をのぞいていた。

茶毘《だび》にふして戻《もど》ってくると、いつもの出迎《でむか》えのようすとまったくちがっていた。犬も仲間《なかま》の死をここまで理解し、仲間を見送る敬虔《けいけん》な心を持っているのだと思うと、老人ホームに入れられた人間のお年寄りがひっそりとひとりぼっちで死んでいくことや、茶毘までホーム任《まか》せにしている人たちは、この犬たちの心を見習《みなら》うところが大いにありそうな気がする。

また、いくら忙《いそが》しいといっても、葬式《そうしき》は業者任《ぎょうしゃまか》せのセレモニー式。そして初七日《しょなのか》もすべてその日の内《うち》に終えてしまう弔《とむら》い方には、わたしたち現代人は何か大切なものを失《うしな》っているような気がする。

盛大《せいだい》な葬式などする必要はまったくない。しかし、故人《こじん》が生きた証《あかし》をやはり義務《ぎむ》的《てき》に処理《しょり》せず、せめて自宅《じたく》で弔って欲しいものである。

最近《さいきん》では、あの映画《えいが》の寅《とら》さんで有名な渥美清《あつみきよし》さんや沢村貞子《さわむらさだこ》さんなどの俳優《はいゆう》や著《ちょ》名人《めいじん》が『地味葬《じみそう》』を望《のぞ》んでいたそうだ。

セレモニー化される己《おのれ》の葬儀《そうぎ》に、違和感《いわかん》を感じはじめている人が増《ふ》えている。人がひとりで生きていられなかったのと同様《どうよう》に、あの世に旅立つのもひとりでは行けない。息を引き取るのはひとりであっても、土に戻《もど》るまでには大勢《おおぜい》の人の助けを借《か》りなければならない。

魂《たましい》が、肉体《にくたい》を離れる儀式《ぎしき》。

その儀式には、本当に悲しむ人たちに見送ってもらいたいという『在宅死《ざいたくし》』を希《き》望《ぼう》する人は多い。

「畳《たたみ》の上で死にたい」と思うのは、だれしもが同じである。

身内《みうち》だけで故人《こじん》の亡骸《なきがら》を湯灌《ゆかん》にしたり、故人が好きだった服《ふく》を家族で着せたり、鼻や肛門《こうもん》に綿《わた》を入れる作業《さぎょう》を家族が見守るなかで進められていくことが、生き残っている身内にとって、何よりも本当の死と生の意味《いみ》を理解できるのではないだろうか。

看取《みと》るという行為《こうい》は、生きている者、残された者たちに今後の生き様《ざま》を深《ふか》く考えさせるきっかけになると思う。

自分もやがて訪《おとず》れるであろうこの日のために、自分は何をし、何のために生きていくのか、死を看取《みと》るという行為《こうい》は生きる意義《いぎ》すらも示唆《しさ》してくれるのではないだろうか。

愛した人が、ともに暮《く》らした人の顔が、血の気《け》を失《うしな》い、硬《かた》く冷たくなっていく。そして最後に、棺《ひつぎ》とともに焼かれるときのあのボイラー点火《てんか》の音を聞く一瞬《いっしゅん》。やがて父や母の、この音を聞かねばならぬ自分を想像《そうぞう》すると、取り乱さずにできるのだろうかと不安になる。

死はだれしもに平等《びょうどう》に訪れる恐怖《きょうふ》である。恐怖であるがゆえに、人は日常《にちじょう》できる限《かぎ》り死を考えず、死を真っ正面《しょうめん》からみようともしない。

わたしはそういう意味では、幼《おさな》いときから普通の子ども以上に多くの人の死をみてきた。

事故死《じこし》や病死《びょうし》する人、老衰《ろうすい》の人、殺害《さつがい》されて死んだ人までみてしまったのだから、死というものがいつ襲《おそ》ってくるかわからないということを、子どものときから身をもって知っていた。

また自分自身も何度も死の淵《ふち》を彷徨《さまよ》い、幽体離脱《ゆうたいりだつ》のような経験《けいけん》までしてしまうと、死はわたしの人生の大きなテーマになっていった。

呆気《あっけ》なく死ぬ人。病院《びょういん》のベッドで人格《じんかく》まで変わってしまったのかと思うほど、見舞客《みまいきゃく》をののしり、己《おのれ》の死を受け入れられないまま、苦悩《くのう》と怒《いか》りにのたうちまわって死ぬ人もみた。

だが、肉体《にくたい》と別れを告《つ》げたあとの魂《たましい》の世界というか、幽体《ゆうたい》の世界があることを思えば、この死の意味は大きくちがってくるのではないだろうか？

死んだ人ばかりでなく、死んだ犬たちまでがわたしに会いにくる夢《ゆめ》や幻《まぼろし》が、ことごとく現実《げんじつ》に当てはまるのを体験《たいけん》すると、わたしはやはり死も新《あら》たな別の命の誕《たん》生《じょう》だといっても過言《かごん》でないような気がしている。

命《いのち》を救《すく》う名物《めいぶつ》餅《もち》

明日《あした》から長い夏休みに入る。

京都《きょうと》の大学《だいがく》に入って初めての夏休みだが、八ヶ月の長期入院《ちょうきにゅういん》からやっと自宅《じたく》に帰ってきたばかりの母のために、わたしはできる限《かぎ》り早く帰省《きせい》しなければならなかった。

大学入学当時《とうじ》から、毎週《まいしゅう》土曜《どよう》日に帰省して、父や祖母《そぼ》のために一週間分の食事《しょくじ》をつくり、料理《りょうり》すべてを冷凍《れいとう》して、また日曜《にちよう》日の最終便《さいしゅうびん》で京都に帰るという出張賄《しゅっちょうまかな》い婦《ふ》のような生活をわたしはおくっていた。

それと、京都の夏の暑《あつ》さは並の暑さではない。

海や山が間近にある伊勢《いせ》と比《くら》べると、盆地《ぼんち》の暑さは想像《そうぞう》を絶《ぜっ》していた。初めて味わう京都の夏は、肩《かた》で息をしなければならないほどの胸苦《むなぐる》しさを感じる。

街《まち》は祇園祭《ぎおんまつり》を間近にひかえた鐘《かね》の音《ね》が鳴《な》り響《ひび》き、山鉾《やまぼこ》があちらこちらに設置《せっち》されて賑《にぎわ》いを増《ま》していたが、とてもあの人混《ご》みを練《ね》り歩く自信《じしん》などなかった。

学生生活《がくせいせいかつ》を終えるまで、祇園祭はまだあと三回ある。そのうちの一回だけみればよい。とにかくサウナに入っている状態《じょうたい》のような京都から一日も早く帰らないと、身が持たない気がしていた。

クーラーもなく扇風機《せんぷうき》だけで暮らす下宿《げしゅく》は、酸素《さんそ》が少ないのではないかと感じるくらいの高温多湿状態《こうおんたしつじょうたい》だ。

早く帰りたかったが、下宿生四人が共同《きょうどう》で使っているトイレや台所《だいどころ》の掃除《そうじ》もきちんとして帰らねば、あとから祖母に聞かれて、掃除《そうじ》もせずに帰ってきたと言えば、こっぴどく説教《せっきょう》を食らうに決まっている。

夕方の涼《すず》しい時間になってから帰省しようと思い、すべての掃除を終え、自分の部屋《へや》を片づけたあと、ちょっとベッドでうとうとしはじめた。

すると、トントンとだれかが部屋のドアをノックするので、「ハイ！　どうぞ」と声をかけると、母が癌《がん》で入院《にゅういん》していたとき一緒《いっしょ》の部屋にいた西元《にしもと》さん(仮名《かめい》)が入ってきた。

お客さんがくるときは必《かなら》ず大家《おおや》さんが最初《さいしょ》に声をかけてくれるはずなのだが、大家さんは買い物に出かけて留守《るす》だったのだろうか。

汗《あせ》をびっしょりかきながら、

「いやー、千恵《ちえ》ちゃん。京都《きょうと》の夏は暑《あつ》いなぁー」

と言ってわたしのベッドの上にデンとすわった。

西元さんが、年に不似合《ふにあ》いなほど派手《はで》な菊模様《きくもよう》の浴衣《ゆかた》を着ているので、

「どうしたの？　いつ京都にきたの？　下宿の場所よくわかったなあ。祇園《ぎおん》祭《まつり》みにきたの？　心配《しんぱい》してたけど、すごく元気《げんき》になったんやなぁ。よかった」

と言うと、

「あんたにどうしても会いたなって京都にきたけど、ほんまに暑いなぁー」

と、またニコニコ顔で答えている。そして、

「髪《かみ》の毛まだ伸《の》ばしてるの?」と言いながら、わたしの頭もなでてくれた。なつかしい西元さんの手になでられたら、西元さんが元気になってくれたことがうれしくて、ちょっと涙が出てきた。

彼女も母と同様《どうよう》、子宮癌《しきゅうがん》の手術《しゅじゅつ》を受けていたが、母は子宮頸癌《しきゅうけいがん》、彼女は体癌《たいがん》のほうで予後《よご》もあまり芳《かんば》しくなかった。

しかし、西元さんはつやつやした顔で、心持ちふっくらとして以前よりずっと若返ってみえる。

うれしかった。

母のことも心配だったが、大好きな西元さんの容態《ようだい》があまりよくないのでずっと心配していた。

母と同様、彼女にも奇跡《きせき》のような回復《かいふく》をずっと祈《いの》っていた。そしていま祈りが届《とど》いたのだと思うと、子どものように西元さんに抱《だ》きつきたいくらいうれしかった。

母も八時間の大手術のあと、縫合《ほうごう》がうまくいかず、二度も手術のやり直《なお》しもあり何度も危篤状態《きとくじょうたい》に陥《おちい》ったが、持ち前の彼女の食欲《しょくよく》があの世に行くのを引きとどめてくれていた。というのも、母は頚癌《けいがん》でもかなり末期《まっき》で、すでに膀胱《ぼうこう》や膣《ちつ》にまで転移《てんい》がはじまっていた。

母は最初《さいしょ》の手術《しゅじゅつ》のとき、麻酔《ますい》のミスで術後三日経《た》っても意識《いしき》が戻《もど》らなかった。ドクターはこのまま意識が戻らなければ、最悪《さいあく》の場合植物《しょくぶつ》人間になる可能性《かのうせい》もあることを伝えたので、自制心《じせいしん》を失《うしな》った父がドクターの胸《むな》ぐらをつかんでしまった。父に「やめて！」と止めるよりもはやく、ドクターの両足《りょうあし》はすでに宙《ちゅう》に浮いていた。

母は、わたしや兄が何度も耳元《みみもと》で呼びかけても反応《はんのう》がない。わたしはこのまま母がこんな形《かたち》で死んでしまうことが哀《あわ》れで、悔《くや》しくて、泣きながら母の名前を呼びつづけた。

四日目の朝のことだった。

「うーん……」という母の声で目をさました。

「お母さん！」と呼びかけると、母は口を開《ひら》きかけてしきりに何か言おうとする。

急いでドクターを呼び、父と兄にも電話をかけて母の意識《いしき》が戻りかけたことを伝えると、二人が大急ぎでやってきた。
父も必死《ひっし》で母の名前を呼ぶ。
すると、母が初めて何かをしゃべりはじめた。だが、まだ目は開《ひら》かない。
口が渇《かわ》いているのと、腹《はら》に力が入らないのか声が小さくて聞こえにくい。
「何？　何が言いたいの？」と、母の口に耳を当てて、もう一度よく聞くと、
「赤福食《あかふくた》べたい」と、ぽつんとつぶやいた。
『何？　赤福？』
自分の耳を疑《うたが》った。
もう一度「お母さん、どうしたの？　何が言いたいの？」
と聞くと、
「赤福。赤福食べたい」と、はっきりと聞こえた。
赤福はドラマにもなったことがある伊勢《いせ》の名物餅《めいぶつもち》のことである。
意識《いしき》がやっと戻った母。
当然《とうぜん》わたしや兄の名前を呼んで泣いてくれるとばかり思っていた。

しかし彼女が最初に出した言葉は、この赤福《あかふく》。

ドラマティックな母の生還劇《せいかんげき》をずっと想像《そうぞう》していたのに、現実《げんじつ》のこのギャップをどう受けとめるべきか、わたしは咄嗟《とっさ》には理解《りかい》できなかった。

母は自分が生きるか死ぬかの瀬戸際《せとぎわ》を彷徨《さまよ》っていたときも、赤福をずっと食べたいと思いながらうろうろしていたのだろうか？

まさかあの世とこの世を、赤福を探《さが》しながら行き来していたわけでもあるまい。地獄《じごく》の閻魔《えんま》も、天国の天使も、母の旺盛《おうせい》な食欲《しょくよく》にあきれて、母をもう一度この世に戻《もど》してくれたのだろうか？

次に二言目に出たのは「お父さん」。

この二つの言葉以外、わたしの名前も兄の名前も、一度も彼女の口から出なかった。麻酔《ますい》のせいで食欲と性欲中枢《せいよくちゅうすう》しか働《はたら》かなかったのだろうか？

それとも、そもそも母の頭のなかには、子どもよりも何よりも食欲と連《つ》れ合いのことしかないのだろうか？

母の意識《いしき》が戻らなかった三日間、どんな思いで母を見守り、生きた心地《ここち》もしないまま看護《かんご》していたのかと考えると、気が抜けて一気に疲れが押し寄せてきた。わたしは愕然《がくぜん》として、へなへなと床《ゆか》にすわり込んでしまった。

叔母《おば》は、

「『医者《いしゃ》投げても匙《さじ》投げるな』という諺《ことわざ》どおり、お義姉《ねえ》さんは流石《さすが》やわ。だてに太《ふと》ってたわけやない。赤福が命を救《すく》ってくれたのだから感謝《かんしゃ》せなあかんな。退院《たいいん》したらお腹一杯《なかいっぱい》赤福食べてもらおうね」

と言いながら、大笑いで母が意識を戻ったことを喜《よろこ》んでいる。

だが、わたしは笑えなかった。

大学受験《じゅけん》もあきらめ、高校最後《こうこうさいご》の三年生の後半《こうはん》はほとんど学校にすらかよえず、ひたすら母の介護《かいご》につきっきりで、父や祖母《そぼ》、犬たちの世話もすべてわたし一人にのしかかっているのに、一体《いったい》わたしを何と思っているのだと考えると、腹立《はら》たしさをとおり越《こ》して、情《なさ》けない気持ちがこみ上げてきた。

おまけに意識が随分《ずいぶん》はっきりしてきて最後に出た言葉も、

「ダックは（当時《とうじ》飼っていたダックスフンドの雄《おす》）おとなしくしてるの？　ダック

にひと目会いたい」

といって、オイオイ声を上げて泣く始末《しまつ》だ。

我《わ》が子のように可愛《かわい》がっている犬のことは心配《しんぱい》できても、本当の我が子を思う言葉は最後《さいご》の最後まで聞くことがなかった。

そんな子どもみたいな母とは逆《ぎゃく》に、西元《にしもと》さんはだまって抗癌剤《こうがんざい》の苦しみに、一人で耐《た》えていた。

布団《ふとん》を頭からかぶり、苦しみを人にみせまいと必死《ひっし》に耐えている。

おまけに、長期入院《ちょうきにゅういん》にもかかわらず、家族の人はほとんど見舞《みま》いにもこない。

毎日大勢《おおぜい》の見舞客や家族で賑《にぎわ》う母を、いつもうらやましげにみていた。

わたしは、ちょっと気むずかしそうなこのおばさんとなぜか気持ちがつうじて、母の分の食事《しょくじ》をつくるときは、いつもこのおばさんの分もつくった。

クリスマスには、このおばさんにも母と同じように病室《びょうしつ》で着る寝間着《ねまき》やタオルをプレゼントした。

西元さんは、高校生のわたしがつくる下手《へた》な料理《りょうり》をいつもうれしそうに食べてくれて、最初は無愛想《ぶあいそう》だったが、徐々《じょじょ》にわたしがくるのを楽しみに待つようになり、大人になったら息子《むすこ》の嫁《よめ》になってくれ、とまで言ってくれていた。

母の世話《せわ》で希望《きぼう》大学の進学《しんがく》をあきらめていたわたしを、母が検査《けんさ》で部屋を出ていくと、小さな子をなだめるように、いつも励《はげ》ましてくれていた。

ショートカットだったわたしの髪《かみ》は、美容院《びよういん》へも行く時間もなく、伸《の》び放題《ほうだい》伸びていた。けれども、その髪を可愛《かわい》く結《ゆ》ってくれたのも西元さんだった。こんなふうに、自分の娘《むすめ》のように大切にしてくれた。

高校三年生はわたしの人生のなかで、ある意味では一番苦悩《くのう》の多い時期《じき》だったと思う。母に入院され、祖母は血圧が上がり祖母《そぼ》にまで入院されて、一度に二人の病人を抱《かか》え、二人分の洗濯《せんたく》やら付き添い、父の食事の世話もあった。

その上、避妊《ひにん》去勢《きょせい》をしていないダックスのつがいが子犬を産み、八匹の犬の世話のすべてもわたし一人でやらねばならなかった。

冬にはいると、わたしの手はあかぎれとしもやけで赤紫《あかむらさき》に腫《は》れ上がり、いたるところ、包丁《ほうちょう》の切り傷だらけで、血がにじみでる無惨《むざん》な手になっていた。

そんなわたしの手に、いつも西元《にしもと》さんは、「桃《もも》の花」というワセリン状《じょう》のクリームをつけてくれて、「千恵《ちえ》ちゃんは本当にえらいな」と言って誉《ほ》めてくれた。

そして、わたしが京都《きょうと》の大学《だいがく》に受かると、母以上に喜《よろこ》び、わたしに大枚《たいまい》のお祝《いわ》いまでくれた。

回復《かいふく》してくる母とは対照的《たいしょうてき》に、西元さんは日増《ひま》しに顔色も悪く、目は落ち込み、げっそりと痩《や》せていくのがつらくてしかたがなかった。

八ヶ月の長期入院《にゅういん》の末《すえ》、やっと母が退院《たいいん》するとき、彼女は窓《まど》の外をみたまま、ぶっきらぼうに「もう二度と戻《もど》ってくるんじゃないよ。あたしも直《す》ぐにあとから娑婆《しゃば》に出るから。心配《しんぱい》いらないよ」と言うと、いつものように素《そ》っ気ない振《ふ》りをして、うしろを向いたまま手を振っていた。

西元さんが寂《さみ》しがっているのが痛いほどわかって、わたしはうしろ姿《すがた》の彼女の背《せ》中《なか》を抱きしめたかった。

だが、何となく照《て》れくさくてそれができなかった。

だが、その西元さんがこんな元気な顔で京都にまできてくれている。夢《ゆめ》ならさめないでと思うほどうれしくて、いまなら何のためらいも恥《は》じらいもなく西元さんに抱きつける。そう思って西元さんに思いっきり抱きつこうとして、はっと目がさめた。

夢《ゆめ》だ。

汗をびっしょりかいている。

まさか！　こんなにリアルな夢をみるなんて。ベッドから飛び起きて、西元さんがすわっていた場所を触《さわ》った。

何もない。

やっぱり夢だ。夢のなかで夢ならさめないでと考えられるほど、脳裏《のうり》にはっきり残る夢をみたのだ。

嫌《いや》な予感《よかん》が体中《からだじゅう》を走る。

わたしは急《いそ》いで荷物をまとめると、タクシーに乗って京都駅《えき》に向かった。途中《とちゅう》、京都駅から電話をかけて母に夢のことを伝えた。

伊勢市駅《いせしえき》から自宅まで我《われ》を忘れて走った。

真っ赤な目をした母が、すでに玄関《げんかん》の外で待っていてくれた。わたしの電話のあとすぐに母が病院《びょういん》に電話をすると、西元《にしもと》さんはわたしが夢《ゆめ》をみている時間に亡《な》くなったというではないか。

急《いそ》いでタクシーを呼んで、母と二人、病室《びょうしつ》へ走った。

だが病室にはだれもいない。きれいにベッドも片づけられて、西元さんが一年以上も入院していた跡形《あとかた》は何一つ残っていなかった。看護婦《かんごふ》に聞くと、すでに霊安室《れいあんしつ》に運んであるという。初めて病院の霊安室に行った。

当時《とうじ》の山田赤十字病院は廊下《ろうか》も板張《いたば》りのままの古びた建物《たてもの》で、いまとはまったく様相《ようそう》がちがっていた。

結核《けっかく》隔離《かくり》病棟《びょうとう》の入り口から右に曲がると、霊安室に通じる廊下に出る。でこぼこした板張《いたば》りの廊下を歩いて行くと、線香《せんこう》の香《かお》りが漂《ただよ》ってきた。大きな両面開《りょうめんびら》きの扉《とびら》を開けて、部屋に入った。

古い霊安室は蛍光灯《けいこうとう》ではなく白熱灯《はくねつとう》がついていて、部屋全体に黄色い光と影《かげ》が交差《こうさ》している。部屋の一番奥《おく》にある祭壇《さいだん》の前の高い木のベッドのような机の上に、白い布《ぬの》を頭からかぶせられた西元さんが横たわっていた。

そっと白い布をめくる。

菊模様《きくもよう》の派手《はで》な浴衣《ゆかた》に青い半幅帯《はんはばおび》を締《し》めて、骨《ほね》と皮だけ残ったただけのすっかり変貌《へんぼう》した西元さんが目を閉じ、両手《りょうて》を胸の上に組んで永遠《とわ》の眠《ねむ》りについていた。

「おばちゃん……」

西元さんはいま着ているこの菊模様の浴衣のまま、わたしに会いにきてくれた。

あれは夢でも何でもない。

西元さんが実際《じっさい》にわたしに会いにきてくれていたのだ。だが、夢でみた西元さんとあまりにもかけ離《はな》れた容貌《ようぼう》に、わたしは言葉を失《うしな》っていた。

わたしの髪をなでてくれたあの手は、どす黒く変色《へんしょく》し、あちらこちらに手の甲《こう》にまで注射針《ちゅうしゃばり》の痕《あと》が残り、骨が浮き出ていた。頭蓋骨《ずがいこつ》に皮をかぶせただけのやせこけた顔。夢の西元さんとはまったく別人のようにやせ衰《おとろ》え、とてもきょう死んだとは思えないほどひからびているようにみえる。

母は、胸の上に組まれた西元さんの両手に両手を重《かさ》ねて、泣いていた。

「一人で息を引き取ったのやろか？　だれかそばについててくれたんやろか？」

母はそう言いながら、「西元《にしもと》さぁーん」と大声で号泣《ごうきゅう》した。

わたしは、やっと西元さんに抱きつくことができた。なぜ、生きているあいだにこの気持ちを伝えられなかったのだろう。

大好きな西元さんに、なぜ素直《すなお》に抱きつけなかったのだろう。

西元さんの、洗濯板《せんたくいた》の波のように骨《ほね》が浮き出た胸に、わたしは顔を埋《うず》めた。

「おばちゃん、会いにきてくれてありがとう。本当にありがとう」

きれいな姿《すがた》をわたしにみせにきてくれた。

病気《びょうき》の顔しか知らないわたしに、健康《けんこう》な西元さんをみせにきてくれた。

『千恵《ちえ》ちゃん、このわたしの顔を覚《おぼ》えておいてな』

と、きっと言いたかったのだと思う。

コックリさん

だれでもコックリさんを行《おこ》なったことが、一度や二度はあると思う。

地方《ちほう》によって、さまざまなやり方があるらしい。

わたしは大学《だいがく》二年生になってから、初めてこのコックリさんを経験《けいけん》した。それまでは、そんな名前すらも知らなかった。

ある日、アルバイトで知り合った人や、大学の仲間《なかま》六人くらいが狭《せま》い四畳《じょう》半のわたしの下宿《げしゅく》に集まったときのことである。だれかがコックリさんやろうと言いだして、わたしはそこで初めて子ども版《ばん》の降霊術《こうれいじゅつ》なるものを教《おそ》わったのだった。

やり方はこんな感じだ。

五〇音《おん》の平仮名《ひらがな》と数字《すうじ》の〇から九までを紙に書き、真ん中に霊《れい》が降《お》りる輪《わ》を描《か》く。男と女の字と時計《とけい》の文字盤《ばん》の絵も描く。そして輪の上に、空《から》になったコップを裏返し、その底《そこ》にみんなの人差し指を置《お》く。

霊と対話《たいわ》する人をひとり決めて、コップのなかに入った霊と話をしはじめる。指を置いたコップが、五〇音の字の上を動きはじめて、文字で返事をする仕組《しく》みになっている。

地方《ちほう》によっては鳥居《とりい》の絵を描き一〇円玉を使うところもあるらしい。コックリという名からいけば、おキツネさんを祭《まつ》る鳥居を描くのが定番《ていばん》なのかもしれない。

だれかが勝手《かって》に動かしているみたいだし、何を聞いても結構《けっこう》でたらめに動いて、途《と》中《ちゅう》で笑いすぎたあと、わたしは少々つまらなく感じていた。

そして最後《さいご》にわたしの番《ばん》がまわってきた。

窓《まど》は霊が入りやすいように少し開けてある。コップの口を窓に向け、

「コックリさん、コックリさん、コップのなかにお入りください」と三回唱《とな》える。

「コックリさん、コックリ……」と二回目を唱えたとたん、コップがガクっと重く

なった。本当だ。ちょっとドキッとした。

（なるほど。霊がちゃんとやってきてコップに入るのか）

わたしは一人納得《なっとく》していた。

それなら本腰《ほんごし》を入れてやってやろう。

「あなたは男の霊ですか？　女の霊ですか？」

《男……》

隣《とな》りでコックリさんをよく知っている友人が小声で、

「男なら年齢《れい》聞かんといかんよ。若い霊は危《あぶ》ないらしいよ」

と耳打ちする。

「あなたは何歳ですか？」

《六三……》

「どこにいた人ですか？」

《ちかく……》

「何かわたしに伝えたいことがありますか？」

《す……き……すき……すき……》

「？？」

仲間《なかま》のひとりが、

「何この霊《れい》？　気持ち悪い！」と言い出した。

すると何も質問《しつもん》していないのに、

《すき……すき……すき》

と何回もすごい勢《いきお》いでまわりはじめてきた。みんなは怖《こわ》くなって指を離《はな》す。だけど、わたしの人差し指だけは、瞬間接着剤《しゅんかんせっちゃくざい》でくっつけられたように動かない。

《すき、すき、すき……》

この二文字をすごい早さで動く。

「もう、気持ち悪いからやめよ。早くやめようよ」

もうひとりが半泣きの大声を出すと、動きがピタっととまり、わたしの指も離れた。

「早く帰ってもらおうよ」

全員が言う。
「コックリさん、コックリさんコップの外に出てお帰りください」
そう三回唱《とな》えて、コックリさんごっこを終えた。途中《とちゅう》鳥肌《とりはだ》が立つほどコップに置いた指の腕だけが痺《しび》れたり、冷たく感じたり、わたし自身はかなり面白《おもしろ》く感じて、また集まってやろうねということで、その夜はお開《ひら》きとなった。
その日の夜から想像《そうぞう》もできない恐怖《きょうふ》に襲《おそ》われることも知らずに、わたしはコックリさんの降霊用《こうれいよう》に使った紙を無造作《むぞうさ》にゴミ箱《ばこ》に捨てていた。

その日の夜中《よなか》のちょうど二時。
閉《し》めたはずの窓《まど》が三センチほど開いていた。

まだ夜風《よかぜ》も冷たいし、寒かったので起きようとしたが起きあがれない。
身体《からだ》にだれかが乗っているように重い。
金縛《かなしば》りにあっているわけではない。ただすごく重い。
寝返りも打てない。
動くのは両手と顔だけ。
とっさに枕元《まくらもと》のスタンドをつける。
部屋にだれもいない。
首だけ起こして自分の身体の上をみる。何もない。
両手《りょうて》で触《さわ》る。何も感じない。
しかし息が詰《つ》まるほど重い。
苦しいのではなく、何かに押しつぶされるように重いのである。
手を上げて何度も起きあがろうとした。
だが、首から下が石膏《せっこう》をかためられたように固《かた》く重い。
少し冷や汗が出る。

何が自分の身に起こっているのか理解《りかい》できないまま、重苦《おもくる》しさに焦《あせ》っていた。
やっとどうにか楽《らく》になった。
時計《とけい》をみる。ちょうど四時。
心臓《しんぞう》でも悪くなったのだろうか？
まだ肌寒《はだざむ》い四月半ば。でもわたしは汗をびっしょりかいていた。
冷蔵庫《れいぞうこ》に入っているトマトジュースを飲んでから八時まで熟睡《じゅくすい》した。

そして、次の日の夜中《よなか》の二時。
またしても窓《まど》から変な気配がする。
きょうは確実《かくじつ》に鍵《かぎ》も閉《し》めて寝たはず。
だが冷たい空気が入ってくる。
スタンドをつけようとすると、きょうは両手も動かない。
目だけ動く。あたりを見回す。
すると足元の布団《ふとん》が少し浮いたような気がする。

両足《りょうあし》とも動かない。

あっ、何か……何かに足が触《さわ》られている。

起きあがれない。

いままでにない金縛《かなしば》りの感じである。

すごく意識《いしき》がはっきりしている。

足にカエルが触《ふ》れているような、ねっとりした変な感じ。

だが声も出ない。

カチッと目覚《めざ》まし時計《とけい》が鳴《な》った。

わたしの目覚まし時計は、ジャストタイムになるとカチッと音がする。

二回目の音だから四時だ。そう思ったとたん、呪縛《じゅばく》が解《と》けたようにすーっと身体《からだ》が楽になり、手足も全部動いた。

「うぁーっ!」と言う声を出して、両足で空《くう》を蹴《け》っ飛ばした。

おかしい。

これは尋常《じんじょう》ではない。

時間もはっきりしている。夢《ゆめ》や寝とぼけているわけでは絶対《ぜったい》ない。

何かに襲《おそ》われたと感じた。


翌日《よくじつ》、またしても夜中《よなか》の二時。

その後、この時間に決まったように襲われはじめた。

それは毎晩《まいばん》ベッドに寝ていようと、起きてラジオを聴《き》いていようと、宿題《しゅくだい》をしていようとお構《かま》いなしに金縛り状態《じょうたい》になった。

目と思考《しこう》だけが異常《いじょう》に鮮明《せんめい》になる。

部屋中の電気をつけていても、何の影《かげ》もみえない。

だが、確実《かくじつ》に何かがいる。

この日はわたしの髪《かみ》の毛を触る。引っ張る。息をかける。

半狂乱《はんきょうらん》になりそうだった。

あと二〇分で四時だ。四時になったら助かる。

一分が一秒がすごく長い。

地球の自転《じてん》すらも遅《おそ》くなったような気持ちさえしてくる。

時計《とけい》の秒針《びょうしん》の音に耳を澄《す》ましながら、ひたすら我慢《がまん》する日がつづいた。

だが、七日目あたりからまったく食事《しょくじ》がとれなくなってきた。食べ物を入れようとすると強烈《きょうれつ》な吐《は》き気に襲《おそ》われた。

水しか飲めない。鏡《かがみ》で自分の顔をみると、目の下に大きな隈《くま》ができている。

目が落ち込み、一〇才も老《ふ》けた顔にみえる。

大学《だいがく》の友人たちが心配《しんぱい》するほど痩《や》せはじめてきた。

当時のわたしは四八キロ。それが一週間で四三キロまで痩せて、ショウ・ウインドウに映《うつ》る自分の身体《からだ》が、他人のようにみえた。

自分の影《かげ》が薄《うす》い。ガラスに映る自分が自分でない感覚《かんかく》。自分自身に遠さを感じる奇妙《きみょう》な気分になった。

殺《ころ》されるかもしれない。

イヤな予感《よかん》。

これはただごとではなさそうだ。

そう思うと、まったく眠れなくなってきていた。

夜中《よなか》の十二時くらいから、恐怖《きょうふ》で心臓《しんぞう》の拍動《はくどう》が自分の耳に響《ひび》く。

隣《とな》りの部屋に寝ている同級生のE子に相談《そうだん》しようかどうか、ずっと迷《まよ》っていたが、とうとう我慢《がまん》できずに勇気《ゆうき》を出してうち明けた。

わたしの話を信じたのかどうかは定《さだ》かではないが、彼女も一緒《いっしょ》にコックリさんをやった手前《てまえ》、責任《せきにん》を感じている。

その日は一緒《いっしょ》にベッドに寝てくれた。

二時……何も起きない。三時……だれもこない。四時……とうとう何も起こらなかった。

終わった。

もうこれ以上はこないと思ったわたしは、小さなシングルのベッドにE子に寝てもらうのがつらくて、

「ありがとう。もう大丈夫《だいじょうぶ》。やっぱり気のせいやったわ。もう大丈夫。ごめんね」

と、その朝、心配するE子を安心させた。

しかしその日の夜、またしても夜中の二時に起こされることになった。

月明かりに照《て》らされた窓《まど》から、霧《きり》のようなものが窓の隙間《すきま》から入ってくるのがみえる。それが寝ているわたしに向かってきた。

強烈《きょうれつ》な金縛《かなしば》りとともに、掛け布団《ぶとん》すべてが宙《ちゅう》に浮いたように感じた。

そのあと、だれかがかぶさってきた。

かすかにうめくような声がする。

もう声も出ない。

頭のなかで子どものときおばあちゃんが唱《とな》えた『南無阿弥陀仏《なみあみだぶつ》、南無阿弥陀仏《なみあみだぶつ》……』と唱えると、笑い声のような声が聞こえる。

きょうは殺《ころ》される……そう思ったとき、右隣《どな》りの部屋のNちゃんがトイレに起きた。

Nちゃんも、何かの音が聞こえたにちがいない。

「千恵《ちえ》ちゃん、まだ起きてるの?」

とドア越《ご》しに声をかけてきた。だが、わたしは声が出なかった。

（Nちゃん、助けて！　殺される！　助けて！）

頭のなかで叫びつづけた。

トイレから戻《もど》ってきたNちゃんは、何を思ったのか、また部屋の壁《かべ》を「コンコン」と叩《たた》き、壁の向こうから、声をかけてくれた。

「千恵ちゃん、寝てるの？　起きてたら、いまからインスタント焼きそばつくるから食べない？」

こんな夜中にインスタント焼きそば!?

そんなことはどうでもよかった。（神様《かみさま》、Nちゃんをどうぞ起きたままにしてください）と心のなかで祈《いの》りつづけた。

そのとき、すーっと身体《からだ》が軽くなった。

危機《きき》一髪《いっぱつ》で、Nちゃんの食欲《しょくよく》がわたしを救ってくれた。

本当なら一緒《いっしょ》に夜食《やしょく》を食べて礼《れい》を言いたかった。

だけど、とてもインスタント焼きそばを食べる気にもなれないし、いまNちゃんの顔をみたらきっと大泣きしそうで、わたしはずっとそのままだまって眠っている振《ふ》りをした。いままでにない恐怖《きょうふ》を初めて味わったわたしは、なぜか涙《なみだ》が出てしかたがなかった。

そして、どういうわけか、那智《なち》の霊《れい》が、きっとわたしを守ってくれる、どんな危機《きき》がおとずれても、那智が助けてくれる、と信じて疑《うたが》わなかった。

ところが、那智は一度も現《あら》われない。

那智も、同じ恐怖を霊の世界で味わっているのだろうか？　それを思うと安易《あんい》に那智の名を呼び、救いを求めることすら怖《こわ》くなってきた。那智がこの変《へん》な霊に組み伏《ふ》せられたら、わたしには那智を救う術《すべ》がないからだ。

そう考《かんが》えると、わたしは（那智。出てこなくていいよ）と心でつぶやいていた。

子ども時代ならまだしも、中学《ちゅうがく》からは幽霊《ゆうれい》など怖いと思ったこともなかった。

しょせんは元《もと》は人間なのだから、たとえ死んでいても話せばわかってもらえる。ましてやこの世の人ではないのだから、それなりの悟《さと》りというか、死ねばみんな仏《ほとけ》というように、いつかは仏になっていく人たちだから、大丈夫《だいじょうぶ》だと思っていた。

しかし、実際《じっさい》はちがった。この現世《げんせ》と同じだ。

言ってもわからない、いまふうに言えばキレている輩《やから》。

異常《いじょう》な執念《しゅうねん》に駆《か》られ、怒《いか》り、妬《ねた》み、恨《うら》みの鬱憤《うっぷん》を晴らそうと放浪《ほうろう》しては他人《たにん》を傷《きず》つけるやつがいた。自分さえ満足《まんぞく》すればよい。そんなエゴだけを食って、生きながらえている霊がいた。

それはまったくいまこの現世、肉体《にくたい》を持っているわたしたちと同じだった。ちがうのは生きているか死んでいるかだけだ。

死んでいるから、なおさらそれらの執念《しゅうねん》は増幅《ぞうふく》され、生前《せいぜん》の行《おこ》ないに歯止《はど》めが利《き》かない分暴《あば》れまわっていた。

そして、コックリさんをやってから二三日目の夜のことだった。

もしかしたら、自分の心のどこかに隙《すき》があって、こんな目に遭《あ》っているのかともも考えはじめた。

でも、なぜかその霊のことを思うと涙が出てきた。

霊である彼は、わたしを同じ世界につれていこうとしているのだろうか。

小泉八雲《こいずみやくも》の『耳なし芳一《ほういち》』や三遊亭円朝《さんゆうていえんちょう》『牡丹灯籠《ぼたんどうろう》』の現代版《げんだいばん》ではないか？　そ

んなことが自分の身に起こるなんて……夢《ゆめ》なら早くさめて欲しいと、思った。何を拝《おが》めば助けてくれるのだろうかと、恨《うら》めしくさえ思った。

「情《なさ》けに刃向《はむ》かう刃無《やいばな》し」という諺《ことわざ》があるが、今回の霊《れい》に対してだけは情けは無用《むよう》。本物の刃を持って向かわねばならないときもあるのだと実感《じっかん》した。

（お前なんかに、この命をやってたまるか！）

そう思って、男なら褌《ふんどし》を締《し》め直《なお》すという気持ちで腹《はら》を決めて夜を待った。

だが、この日はすごく眠《ねむ》い。

強烈《きょうれつ》な睡魔《すいま》に襲《おそ》われて、あの日中《にっちゅう》の意気込《いきご》みはどこに消えてしまったのだというほど眠い。ちょっとベッドで仮眠《かみん》をした。

そして迂闊《うかつ》にも、そのまま夜中《よなか》の二時を迎《むか》えてしまったのである。

カチッ……時計《とけい》が二時ジャストを知らせる。

きた。

窓《まど》から。

ズシっと胸の上が重く感じはじめた。

そして胸の上の布団《ふとん》がスーッと浮き上がった途端《とたん》、硬《かた》い人間の手が布団に入ってきた。

もちろん声もすでに出ない。身体《からだ》は石に変貌《へんぼう》していた。

その手を、わたしの首のまわりに忍《しの》ばせてくる。

(殺《ころ》そうとしている。こいつはわたしを殺そうとしている)

そしてその手はわたしの首をぐっと絞《し》めた。息ができない。

苦しいと思ったそのとき、耳元《みみもと》で、

『おもたいか?』

と言う男の声をはっきり聞いた。

わたしは、自分に残されているすべての力を喉《のど》にあつめ、

「ぎゃーーーーーーーーーーーーーぁっ!!」

と大声を出した。出た。声が出た。

その大声に驚《おどろ》いた階下《かいか》にいる下宿《げしゅく》の大家《おおや》夫婦《ふうふ》が、わたしの部屋に上がってきた。

隣《とな》りにいる下宿生も全員《ぜんいん》部屋に入ってきた。

（助かった）

そう思うと、涙《なみだ》がとめどなく流れてきた。

「どうしたの？」と、言いながらみんなが心配《しんぱい》そうにわたしの顔をのぞき込んでいる。だが、だれにも言えなかった。

「大丈夫《だいじょうぶ》。怖《こわ》い夢をみてうなされたみたい。ご迷惑《めいわく》をかけてすみません」

と答えた。

正気《しょうき》を失《うしな》ったと思われたくなかったのと、隣《とな》りにいるE子のつらそうな顔をみたら本当のことなどだれにも言えなかった。だが下宿の奥《おく》さんは、わたしが顔色《かおいろ》も悪いし病気かもしれないから、すぐ実家に帰るように勧《すす》めてくれた。

すでに体重は八キロ以上痩《や》せ、みるからに哀《あわ》れな姿《すがた》になっていた。そして、わたしは京都《きょうと》から逃げるように伊勢《いせ》に帰ってきた。げっそり痩せ、目の下に隈《くま》取《ど》りができたような顔のわたしをみて、母はすぐさま、「何があったの？」と聞いてきた。

でも、言えなかった。

言おうとするとなぜか涙が出てきて喉《のど》が詰《つ》まりそうになり、その事件《じけん》を人に話す気になれない。母はそのままわたしを病院《びょういん》につれていき、心臓《しんぞう》やら脳波《のうは》まで取られ診断《しんだん》を待った。

「親元《おやもと》をはなれて情緒不安定《じょうちょふあんてい》になったのでしょう。あるいは環境《かんきょう》が変わったからストレスかもしれませんが、脳波《のうは》がかなり乱れています。疲れによる一過性《かせい》だと思いますから、この薬《くすり》を飲んでしばらくようすをみてください」

とのドクターの見立《みた》てだった。そして、ご丁寧《ていねい》にも精神安定剤《せいしんあんていざい》を山盛《やまも》りだしてくれた。大学《だいがく》に入って二年目になってからホームシックにかかったとでもいうのだろうか。

それから三日後《ご》、父方の叔母《おば》が祖父《そふ》の祥月命日《しょうつきめいにち》ということで、仏壇《ぶつだん》を拝《おが》みにやってきた。伊勢神宮参拝《いせじんぐうさんぱい》の帰りで、どこかの新興宗教《しんこうしゅうきょう》のおばさんも一緒《いっしょ》だった。

わたしはこの新興宗教《しんこうしゅうきょう》というものが好きになれなかった。

水子《みずこ》の祟《たた》りだの、先祖供養《せんぞくよう》が足《た》りないのだのといってはお布施《ふせ》を要求《ようきゅう》したりする。そもそも先祖《せんぞ》の霊《れい》が原因《げんいん》だという確実《かくじつ》な証拠《しょうこ》も何もないのに、人を脅《おど》すようなやり方は立派《りっぱ》な脅迫罪《きょうはくざい》ではないか。そんなとばっちりを受けた先祖は、さぞやあの世から名誉毀損《めいよきそん》で訴《うった》えたいだろうにとさえ思っていた。

それに、自分の生きる道を人に決定してもらうなんて、そんな意志《いし》の弱いことは人生を放棄《ほうき》しているみたいで嫌《きら》いだ。

失敗《しっぱい》とか、遠まわりとか、悩《なや》み……。それらみんなを含《ふく》んだのが人生なのに、山も川もない水墨画《すいぼくが》をみているようでつまらないと、血気盛《けっきさか》んな十代のわたしは思っていた。

だから、新興宗教《しんこうしゅうきょう》に身を投《とう》じ、日々奔走《ほんそう》している叔母《おば》自体も苦手《にがて》だった。

叔母とその先生とかいうおばさんにお茶を入れていると、その先生はわたしを鋭《するど》い目でじろじろみている。母に、

「このお姉《ねえ》ちゃんはお宅《たく》の娘《むすめ》さん？」

と初めて口をきいた。そしてわたしを手招《まね》きで呼び寄《よ》せ、

「お姉ちゃん、あんた最近《さいきん》えらい目に遭《あ》ったなぁ。危《あぶ》ないとこやったけど背の高い軍人《ぐんじん》さんみたいな人がずっと守ってくれてたみたいやな」

「？」

一瞬《いっしゅん》ドキッとした。

（なぜこのおばさんがあのことを知っているのだ？　ましてやあの幼《おさな》いときの軍人のおじさんのことまで……）

わたしが戸惑《とまど》って、返事《へんじ》もできないでいると先生はつづけて、

「そやけど、まだお姉ちゃんの背中《せなか》から離《はな》れずにずっとついてきてるよ。この若い男の子」

（え？　若い男の子？　たしかあの時六三才と言ったはず。わたしをだましたのだ）

やっと決心がついて、わたしはぽつりぽつりとコックリさんのことからはじまった一連《いちれん》の恐怖《きょうふ》を、その先生と叔母《おば》、そして母に話しはじめた。そして、話し終えると思いっきり泣けてきた。

「この男の子、お姉ちゃんに一目《ひとめ》惚《ぼ》れしたみたいやな。生きているときも随分《ずいぶん》遊び人や、この子は。酔《よ》って単車《たんしゃ》に乗ってそのまま電柱《でんちゅう》にぶつかって死んだらしいけど、自分が何をしてよいのかわからへんみたいや。生きとるときも普段《ふだん》から女の尻《しり》ばっか追って、人傷《ひときず》つけて、金《かね》巻《ま》き上げてどうしようもない子やなぁ。死んでからもい

つまでも同じことしよる質《たち》の悪い子や」

と言って、わたしの背中《せなか》に数珠《じゅず》を当てながらお経《きょう》を唱《とな》えはじめた。

そしてなにやら梵語《ぼんご》のような文字を数珠で空《くう》に描《えが》き「えいっ！」とかけ声をかけて、わたしの背中をドンと叩《たた》いた。

肩が急《きゅう》に軽くなった。

嘘《うそ》みたいに身体《からだ》が軽くて、気持ちがスーッと晴れ晴れとする。

気がつくと、無意識《むいしき》にその先生にわたしは手を合《あ》わせている。

テレビや映画《えいが》じゃあるまいし、そんな法力《ほうりき》のある人がこの世にいるのか？

不思議《ふしぎ》そうにみているわたしに、先生は長い話をはじめた。

＊　＊

「千恵《ちえ》さんとか言うたな。人にやさしいのと弱いのとは別《べつ》です。不動明王《ふどうみょうおう》って知ってますかな？

あの怖《こわ》いお姿《すがた》は実は観音《かんのん》さまの化身《けしん》やといわれてますのや。あのやさしい観音さまがあんな怖いお姿になるには訳《わけ》がありましてなぁ。

それは悪《あく》を許《ゆる》さない強い意志《いし》の現《あら》われを、あのお姿に変えて、衆生《しゅうせい》を叱《しか》ってくれているのです。

ある時は厳《きび》しく、あるときはやさしく、仏《ほとけ》さまのお姿もお経もみんないま生きている人間のためにつくられたのであって、決して死んだ人のためだけではないのです。

不動《ふどう》さまのあの憤怒《ふんぬ》のお姿《すがた》をみて、己《おのれ》の心の疚《やま》しさや汚《きた》なさを反省し懺悔《ざんげ》し、そして観音さまのやさしいお姿に己《おのれ》を投影《とうえい》していくよう生きて行きなさいと、教《おし》えてくれてるのですなぁ。

人にやさしい八方美人《はっぽうびじん》な人間がよい人間とは限《かぎ》りません。あるときは鬼《おに》になって怒《おこ》るときも必要なんですわ。

千恵さん、あんたはんは不思議《ふしぎ》な手をしています。その手にすがろうとする人がこれから仰山《ぎょうさん》現われるかもしれません。そのとき何でも聞き入れることが本当に親切なのかどうか、それが本当の人間としてのやさしさかどうか、ちょっと踏《ふ》みとどまって考《かんが》えなあきまへんで。

本当のやさしさというのは、己《おのれ》に厳《きび》しく生きてこそ生まれるものです。

これから千恵《ちえ》さんの人生には、少々人よりつらいことが多いようにみえるかもしれません。

しかしそれを恨《うら》むのか、教《おし》えとして素直《すなお》に取っていくのか、それが大きな人生の選択《せんたく》になります。

前世《ぜんせ》やの来世《らいせ》の因縁《いんねん》やのと、災《わざわ》いについて言うお人もおりますが、この世は合わせ鏡《かがみ》で、来世もそしてこの先のすぐ目の前にある己《おのれ》の未来《みらい》も全部そのときそのときどきで自分が決めて、自分の心がこれから生きる世界をつくり出していることに気がつかなあかんのです。

夢《ゆめ》と現実、あの世とこの世、この二律《にりつ》背反《はいはん》した世界はどちらが本物《ほんもの》かっていうたらどっちも本物。現実《げんじつ》と言葉をつけたほうが本物かどうかなんてだれもわからへんのです。

目にみえない世界をつくる唯一《ゆいいつ》の素材《そざい》が目にみえない心なんですわ。わかりますか？　人間の気持ち……心模様《こころもよう》は文字に書けても形《かたち》で表《あらわ》せない。そやからこそエネルギーになるのです。とてつもないエネルギーですわ。そのエネルギーが魔界《まかい》をつくったり天国《てんごく》をつくったりするわけですから。

はよ言うたら、この現世《げんせ》こそ天国も地獄《じごく》も併《あわ》せ持ってますのや。霊《れい》は別世界におるわけやありません。この世への思いが形になってみえたり隠《かく》れたりしているのです。

一番怖《こわ》いのも人間なら一番やさしいのも人間ですわ。その人間を通じてしか霊《れい》を清《きよ》められないということを教えてあげたかったのです。

仏《ほとけ》や神《かみ》ではなく、仏や神に近い真《まこと》のやさしさを持った人が霊を慰《なぐさ》め、霊につながった現世に生きる人間を導《みちび》けるのです。

そやから、この男の子みたいな霊は現在この世にようけおります。そして一〇年先、二〇年先の世は、生きる屍《しかばね》みたいな若者が世の中を支《ささ》える時代に入っていきます。迷《まよ》っているのは霊だけではないのですな。それを千恵さんに教えたくて、ぎりぎりまでの選択《せんたく》をさせたっていうわけですわ」

＊　＊

と、わかったようなわからないような話を、延々《えんえん》一時間も聞かせてくれた。

話しながら、ときどきこの先生も泣いていた。

まわりくどくてよくわからなかったが、要《よう》するにいま生きている人間の魂《たましい》とあの世の人間の魂とはつながっていて、あの世とこの世は、どちらも乱《みだ》れた同じ状態《じょうたい》になっているということらしい。

死んだらお終《しま》いではなく、死んだあとの魂のエネルギーがいま生きるわたしたちの世界をつくっているのだと言いたいのだろうと思った。

しかし、小学校二年生のときに出会った、あの家を間違って入ってきたおじさんは、バナナをあげただけで、そんなにいつまでもわたしを守っていてくれたのかと思うと感慨深《かんがいぶか》かった。

やさしさには厳《きび》しさが伴《ともな》うこと、やはり自分の弱《よわ》さにつけ込まれたのだとわかった。せっかく大学《だいがく》に入《はい》れても、わたしはどこかで母を恨《うら》んでいた。自分が志望《しぼう》した大学をあきらめたことをすべて母のせいにしていた。

編入学《へんにゅうがく》だって何だってできるのに、わたしの心の隅《すみ》には、両親《りょうしん》への不満《ふまん》、大学生活の不満があった。先生はそんな自分の生き様《ざま》をよくみろと教《おし》えてくれた気がした。

看病《かんびょう》であけくれ、母が死の淵《ふち》をのぞきかけたとき、(母が生きていてくれるなら、何でも我慢《がまん》します)と、神仏《しんぶつ》に誓《ちか》ったのに、母のあの「赤福食《あかふく》べたい」発言《はつげん》で、そんな敬虔《けいけん》な誓《ちか》いの言葉《ことば》すら忘れていた。

それどころか、動物《どうぶつ》の命を大切にしろと教えている母が、毎日看護《かんご》と賄《まかな》いに奮闘《ふんとう》しているわたしに対して、「女の子なんやで大学なんて行かなくてもよい」とまで言ってきた。

男と女、長女《ちょうじょ》だからという言葉で、わたしの努力《どりょく》や学力《がくりょく》をいとも簡単に切り捨てようとする母の無神経《むしんけい》な言葉に、わたしは不満が爆発《ばくはつ》しそうなときも多々《たた》あった。

与えられたいまの自分に精一杯《せいいっぱい》の努力もせずして、不満を持つわたし自身の波動《はどう》と、この青年の波動には形《かたち》はちがってもどこか似た何かがあったのかもしれない。

そしていつの間にか、母が元気に回復《かいふく》していることを当たり前に受け取っている気持ちがあったと思う。

その後《ご》、叔母《おば》につれられて、この先生の教会《きょうかい》へ参加《さんか》してみた。どんな説法《せっぽう》を多くの人の前でするのか聞きたかったからだ。

そして、その新興宗 教《しんこうしゅうきょう》の本部とかいう所へつれていってもらった。

しかし、御殿《ごてん》というか、お城《しろ》のような教会本部をみて、わたしはあとずさりする気持ちになった。

これらがすべてお布施《ふせ》……。

そう思うと人間の浅《あさ》はかさというか、弱《よわ》さをみせつけられたみたいで、こんな御殿に投資《とうし》するお金があるのなら、もっと有効《ゆうこう》に国のため、福祉《ふくし》のため、そして難民《なんみん》の子どもたちに使えないのかと、やっぱり疑問《ぎもん》に思ってしまう自分がいた。

なぜ新興宗教は、あのように御殿のような建物《たてもの》が必要《ひつよう》なのだろう。

あんな立派な建物を建《た》てないと、教《おし》えの効力《こうりょく》がなくなるのだろうか。

おまけに何千人もの人々が、神殿《しんでん》に向かってぞろぞろ歩いている姿《すがた》をみると、謙《けん》虚《きょ》に教えを求《もと》める姿というより、わたしにはやはりより楽《らく》に暮らしたい、苦悩《くのう》から逃《に》げたい、金が欲しいといっている強欲《ごうよく》の軍団《ぐんだん》にみえて、どうしてもそのなかになじむ気持ちになれなかった。

その行列《ぎょうれつ》に並《なら》んでいることが、お天道《てんとう》さまに背《そむ》いているような気持ちになる。だから、わたしはうつむいてしか歩けなかった。

そして教えの内容も、家で聞いたのとは裏腹《うらはら》な、現世《げんせ》利益《りえき》を全面に押し出し、気の弱い人間にある意味では恐怖《きょうふ》を植《う》えつけているようにも受け取れた。

教壇《きょうだん》に立った先生は、あのとき感動《かんどう》した先生ではなかった。

教えを請《こ》うなら、自分で聖書《せいしょ》も読もう。

法華経《ほけきょう》も読もう。

般若心経《はんにゃしんぎょう》の意味も解読《かいどく》しよう。

そして、何にも帰依《きえ》する対象《たいしょう》を持たない禅《ぜん》も組んでみよう。

悟《さと》りなら、お金を払わず己《おのれ》の人生のなかで学んでいくほうが余程《よほど》ましだと思った。

そして、実家で話をしてくれていたとき先生のまわりにみえた光が、二度と先生のまわりにみえないのも不思議《ふしぎ》だった。

あの言葉はもしかしたら先生の口を借《か》り、それこそ大いなる何かが言わせたのかもしれないと思った。

助けてもらった恩《おん》を忘れはしない。しかしそれと信者《しんじゃ》になって帰依《きえ》することとは別問題《べつもんだい》だと思う。

素晴《すば》らしい法力《ほうりき》を持った人は、この世に多く存在《そんざい》するだろう。しかし、わたしはたとえ遠《とお》まわりでも、できる限《かぎ》り自分の足でこの世を歩き、この世を味わって、しっかり自分自身が何をするために生まれたのか模索《もさく》しつづけたいと思った。

素晴らしい教《おし》えに感化《かんか》されることはよいと思う。しかし信者を募《つの》ったり、お布施《ふせ》を強要《きょうよう》したり、物を買わせたりする行為《こうい》が本当に宗教活動《しゅうきょうかつどう》なのだろうか?

小さな自宅の一間《ひとま》を開放《かいほう》して、素晴らしい教えを説《と》く人もいる。

それで十分《じゅうぶん》ではないのだろうか?

新興《しんこう》宗教にかぶれた人には、一般《いっぱん》の人より反対《はんたい》にひがみや嫉妬心《しっとしん》が強いのではないかと感じたことがある。

なぜ宗教という心の教えを学《まな》び、それを実践《じっせん》しようとしている人が、そんな低俗《ていぞく》な感情《かんじょう》に振《ふ》りまわされているのか不思議《ふしぎ》でしかたなかった。

だが、お金や名誉《めいよ》、健康《けんこう》のすべてを手に入れると、目にみえない力《ちから》をどうも人間は欲しがるようだ。

目にみえない、そして人が恐《おそ》れる力にことのほか執着心《しゅうちゃくしん》を燃《も》やしはじめ、挙《あ》げ句《く》の果《は》てに理性《りせい》を失《うしな》った典型的《てんけいてき》なオカルト集団《しゅうだん》がオウムの連中《れんちゅう》ではないのだろうか？七情《しちじょう》のコントロールをするどころか、欲《よく》や我《が》をむき出しにしてくる様《さま》をあまりにもみすぎて、わたしはやはり集団で何かに帰依《きえ》したり、拝《おが》んだりすることに興醒《きょうざ》めしてしまった。

自己啓発《じこけいはつ》から自己実現《じつげん》。そして自己の霊性《れいせい》を磨《みが》くはずが、オカルティックなことのみに心を奪《うば》われ、現実からどんどん遠のいてしまっている。

わたしは霊験《れいけん》あらたかな山に籠《こも》って修行《しゅぎょう》する人たちも、それはそれで素晴らしい体験《たいけん》になるだろうし、山の静寂《せいじゃく》さと暗闇《くらやみ》のなかで孤独《こどく》と恐怖《きょうふ》と向き合えば、だれしも何かは感じるだろう。

しかし出家《しゅっけ》しなければ悟《さと》れないのなら、人間界に生きている意味がない。

わたしは真《しん》の修行とは人間界に暮らし、人間模様《もよう》のなかに身を置きながら、喜《よろこ》びや苦しみを感じ、世の中の矛盾《むじゅん》や理不尽《りふじん》さを知ったうえで霊性《れいせい》を磨《みが》くことではないのかと考《かんが》えている。

だから在家《ざいけ》として活動《かつどう》している人たちの話のほうが、わたしにはとても魅力的《みりょくてき》に聞こえた。霊を有《ゆう》する人間が、霊的《れいてき》に進化《しんか》するのは当たり前であって、それはどの人にも等《ひと》しく言えるのではないだろうか。

ただそれを敏感《びんかん》に感じ取る人、鈍感《どんかん》で無視《むし》している人の差にすぎないと思う。

さて、金縛《かなしば》りのくびきから解放《かいほう》され、いよいよ京都《きょうと》に戻《もど》ることになった。

五月の連休《れんきゅう》には東京の大学《だいがく》にかよっている幼《おさな》なじみが京都に遊びにくる。

母はわたしに、下宿《げしゅく》の大家《おおや》さんや仲間《なかま》への土産《みやげ》を大きな袋《ふくろ》一杯に持たせると、「皆さんに心配かけたのやから、きちんとお礼《れい》言わなあかんで」と、まるで小さな子どもに諭《さと》すように言いながら玄関《げんかん》でわたしを見送ってくれた。大きくうなずいて、

「行ってきまぁーす」

と言いながら、自宅《じたく》をあとにした。近鉄特急《きんてつとっきゅう》の電車の窓越《まどご》しから、真っ青《さお》な五月《さつき》

晴《ば》れの空に東寺《とうじ》の五重《じゅう》の塔《とう》が光り輝《かがや》いている。

あの青年《せいねん》の心もきっときょうの空のように晴れ晴れと、そして心も光り輝いているような気がした。

来世《らいせ》などというものがもしあるのなら、彼ときっと巡《めぐ》り会えるだろう。

そのときは素敵《すてき》な出会いになるような予感《よかん》がした。

0《ゼロ》の零《れい》は霊《れい》？

いままでの話は、わたしが二〇代までに経験《けいけん》したほんの一例にすぎない。

これらの経験は夢《ゆめ》かもしれない。夢ならあまりにも鮮明《せんめい》で忘れ去《さ》れない衝撃《しょうげき》だから話したいと思った。

霊《れい》がいるか、いないかはさておき、わたしはあえてまだ科学《かがく》で証明《しょうめい》できない世界に畏敬《いけい》の念《ねん》を抱《いだ》くほうが、人間はより謙虚《けんきょ》に生きられるのではないかと、思っている。

五才で出会ったあの軍人《ぐんじん》のおじさんも、そしてコックリさんに現《あら》われた青年《せいねん》も現《げん》実《じつ》に生きていた人だった。

とくにコックリさんの青年は、実際《じっさい》わたしの下宿《げしゅく》のすぐ近くで交通事故《こうつうじこ》に遭《あ》っていた。どんな青年だったのかはわからないが、たまたま、さまよえる霊となり、わたしと偶然《ぐうぜん》会ってしまった。

わたしたちが普通《ふつう》に一目《ひとめ》惚《ぼ》れするように、生きているわたしを好きになってくれたらしい。しかし彼の日常《にちじょう》の生き様《ざま》が無謀《むぼう》であるがゆえに、あのような形《かたち》でしかわたしにコンタクトが取れなかった。

それはなぜかというと、彼自身が死を一度も考《かんが》えたことがなかったからだと思う。いきなり肉体《にくたい》を失った彼の苦悩《くのう》と恐怖《きょうふ》、そして怒《いか》りが、好きになったわたしをどうすることもできず八つ当たりの対象《たいしょう》にしてきたのだ。

彼を思うと泣けてきたのは、わたしの涙《なみだ》ではなく彼の涙だった。

だからわたしは彼を恨《うら》むことはできない。無常《むじょう》な己《おのれ》の死を受けとめられない悲《かな》しみを責《せ》めることもできなかった。わたしとて明日《あした》は何が起こるかわからない。そしてどんな怨念《おんねん》を抱《いだ》いて彷徨《さまよ》う霊になるかはわからない。だからこそきょうを精一杯《せいいっぱい》生きようと思った。

だれとも争《あらそ》わず、競《きそ》わず、純粋《じゅんすい》にいつか肉体を捨《す》てるとき、「あー面白《おもしろ》かった」と言えるように生きてやろう、と。

同じ死ぬなら、西元《にしもと》さんのようにニコニコ笑って挨拶《あいさつ》できる霊《れい》になろう。

そして時期《じき》がきたら、「ほな、さよなら」と言えるくらいにまでなりたいと思う。

そう思えるまで自分に何ができるのか考えていこう。

それがわたしなりの修行《しゅぎょう》だと思った。

人間はしょせん生まれて死ぬ。それは、だれしもが逃《のが》れられない。

この当たり前すぎる自然《しぜん》の摂理《せつり》を、あまりにも無視《むし》しているのではないだろうか。

生と死。霊《れい》と肉体。

それらを考《かんが》えたとき、わたしは父に感謝《かんしゃ》せざるを得《え》ない。

おとぎ話もよいけれど、面白いお化けの話をいつもいつも自分で創作《そうさく》して話してくれた父を誇《ほこ》らしく思っている。

父の話によって、わたしは霊を身近に感じられたし、恐《おそ》ろしい目に遭《あ》っても毛嫌《けぎら》いする気にもなれない。それどころか愛《いと》おしくさえ思っている。

わたしはお化けが大好き。幽霊《ゆうれい》が好き、人が好き。そして動物《どうぶつ》が好き。この世に生きとし生けるもの、皆《みな》大好きだ。

よそさまの家とはちょっと変わっていたけれど、怖《こわ》い話のあとに父はいつも、あのときの霊が、よい霊に変わって人を守っている、という話をしていた。

霊への思いは、生きているものへの思いにもつながるのかもしれない。

あるとき、子どもだったわたしは、母と一緒《いっしょ》にアニメの「山椒太夫《さんしょうだゆう》」を観《み》にいったことがある。子どものわたしが感動《かんどう》して、泣くのならわかる。でも、母はきまってわたし以上に泣いて映画館《えいがかん》を出た。真っ赤に目をはらした母の手を子どものわたしのほうが引いて家に帰ってきた。

大人になってから、今度は母とSF《エスエフ》の「キングコング」を観にいった。

ラストシーンで、見せ物にされたキングコングが反撃《はんげき》をするのだが、最後《さいご》に軍の銃撃《じゅうげき》で殺《ころ》され、遂《つい》に倒《たお》れてしまう。キングコングの断末魔《だんまつま》の心臓《しんぞう》の音が館内《かんない》に響《ひび》きわたる。そして最後《さいご》のドクッという音でとまる。

静《しず》まり返った映画館。観客《かんきゃく》の大半がぐっと涙《なみだ》をたえていたにちがいない。

しかしその感動《かんどう》の静粛《せいしゅく》をやぶって、館内《かんない》いっぱいに聞こえるほどしゃくり上げる泣き声と、大きな音で鼻《はな》をかむ女性—母—が隣《とな》りにすわっている。

他人《たにん》の振《ふ》りをしたいくらい恥《は》ずかしい。肘《ひじ》で母の腕《うで》を突いてやった。するとますますしゃくり上げて泣いてくる。もう手がつけられない。

そのときの母の号泣《ごうきゅう》ぶりは、二度と一緒《いっしょ》に映画館《えいがかん》には行く気持ちになれないほどであった。しかし、教養《きょうよう》も品《ひん》もなく、ただ単純《たんじゅん》で純朴《じゅんぼく》な両親の子どもであってやはりよかったと思う。

命を慈《いつく》しみ、どんなに貧《まず》しくても生きものへのやさしさを忘《わす》れなかった。そんなうしろ姿《すがた》をみせてくれただけでも、わたしはこんな両親の元《もと》で育《そだ》ったことをありがたいと思っている。

その上、あれほど赤福事件《あかふくじけん》で散々《さんざん》人に笑《わら》われたにもかかわらず、母は直腸癌《ちょくちょうがん》の大手術《しゅじゅつ》のときにまたしても同じことを繰《く》り返した。

リカバリー室で、母が麻酔《ますい》からさめるのを、兄と二人で待っていた。

兄に「今度、赤福食べたいなんて言ったら、どついたろな」と笑いながら母のベッドの脇《わき》にあるイスに二人してすわっていた。

意識《いしき》が戻《もど》りかけた母が、言った。

「うーん、うーん、へんば餅どこ?」

わたしも兄もイスからひっくり返るほど笑ってしまって、声が出ない。

一体《いったい》わたしたちの母親は何者なのだと思うほど、食べ物に執着《しゅうちゃく》している。

これが母の元気の元《もと》なのだと思うと、もう怒《おこ》る気持ちも失《う》せてしまった。母はさすがに恥ずかしいのか、このへんば餅だけは絶対《ぜったい》に言っていないと、シラをきり通そうとしてくる。

伊勢《いせ》には、危篤状態《きとくじょうたい》の人間を生き返らせるほどの名物餅《めいぶつもち》があるということを誇《ほこ》りに思わねばならないのかもしれない。ましてや手術《しゅじゅつ》した部位《ぶい》によって餅の種類《しゅるい》が変わるところなどは、治癒効果《ちゆこうか》を真剣《しんけん》に考《かんが》える必要《ひつよう》があるようだ。

そんな両親もすでに七三歳を越《こ》え、多くの病《やまい》を抱《かか》えながら、余命幾《よめいいく》ばくもないであろう。

彼らがどのように己《おのれ》の人生を振《ふ》り返り、己の人生の終末《しゅうまつ》をどのように迎《むか》えるのかはわからない。わからないが、できる限《かぎ》り恐怖《きょうふ》や苦痛《くつう》を軽減《けいげん》できるような方法で、彼らに引導《いんどう》をわたしてあげられるのは娘《むすめ》であるわたしの務《つと》めだと思う。

＊　＊

わたしは学習塾《がくしゅうじゅく》を開いていた。

自分に子どもがいない分、生徒《せいと》たちへの思い入れも強かったと思う。

そんな彼らに数学《すうがく》としての数《かず》の定義《ていぎ》を教《おし》えるとき、わたしは霊《れい》の話を交《まじ》えて説明《せつめい》することにしている。

とくに算数《さんすう》から数学という言葉が変わっただけで拒否反応《きょひはんのう》を起こし、数学嫌《すうがくぎら》いの要因《よういん》にもなりかねない中学《ちゅうがく》一年生にとっては、整数《せいすう》や素数《そすう》、実数《じっすう》、有理数《ゆうりすう》、無理数《むりすう》と並びはじめると、それだけでも頭が痛くなる。

そんな数学をもっと神秘的《しんぴてき》で素晴《すば》らしい学問《がくもん》なのだと教えたかったが、教えるわたし自身が数学的教養《きょうよう》がなさすぎる。

だが、算数という四則計算中心《しそくけいさんちゅうしん》のものから、数学という一つの学問の入り口に立つ中学一年生には、やはり興味《きょうみ》を失《う》せさせないように、わたしなりの工夫《くふう》がしてみたかった。はじめて負《ふ》の数を習《なら》うとき、わたしは〇《ゼロ》という数はそもそもどんな数なのかと生徒に聞いてみる。

そしてこの〇《ゼロ》という数字は、インド人が瞑想《めいそう》のなかで発見《はっけん》した数なのだと教える。みえないものと、みえるもののそのはじまりに、あるいはその中間《ちゅうかん》に存在《そんざい》する〇《ゼロ》という数字は何だろうと問いかけてみる。

〇《ゼロ》はないという意味《いみ》。だが実数としての数直線上《すうちょくせんじょう》にはこのないはずの〇《ゼロ》を書かなくては、マイナスもプラスもはじまらない。生徒たちに負の数は霊界《れいかい》の世界の勉強だと伝えてやると、急《きゅう》に目を輝《かがや》かしはじめる。

みえないものを計算《けいさん》するのだ。だから頭で数学は勉強してはいけない。国語《こくご》の文《ぶん》学《がく》を味《あじ》わう以上にハートを込《こ》めて勉強するのだと言うと、不思議《ふしぎ》なことに子どもたちは楽しそうに練習問題《れんしゅうもんだい》を解《と》きはじめる。

何をするにも楽しいとか面白《おもしろ》いとか、そういう感情《かんじょう》が大切なのだ。未熟《みじゅく》な指導法《しどうほう》であっても、子どもたちが感情を使って勉強することを伝えたかった。

わたしは、数学の数字をみていると、宇宙《うちゅう》を感じてピタゴラスやアリストテレスは、もしかしたら宇宙人《うちゅうじん》ではないのかとさえ思ってしまう。

無理数《むりすう》の傾《かたむ》きで支《ささ》えられているピラミッド。そして無理数を掛《か》け合わすことで描《えが》ける円周《えんしゅう》。

易《えき》で言えば、無極《むきょく》から太極《たいきょく》が現《あら》われるのと同様《どうよう》に、正と負の数はこの無《む》から生まれている。

人間も同じではないのだろうか？

無《む》から生まれ、肉体という実体《じったい》のあるプラス、有限《ゆうげん》の世界で生きている。死んでからはマイナスの世界に行く。霊界《れいかい》という〇《ゼロ》を越《こ》えてから、魂《たましい》の世界に入っていき、さらなる世界に進んでいくようで、わたし自身がマイナスの世界をはじめて学んだ中学《ちゅうがく》一年生のときに、なぜか教室《きょうしつ》で目眩《めまい》がするほど感動《かんどう》した。

実体《じったい》のない世界を数で勉強していく。このマイナスの世界、負の世界にこそ、どうも秘密《ひみつ》があるかもしれないと考《かんが》えると、なぜかワクワクしていた。

変なことに感動すると思うだろうが、わたしはその後《ご》もなぜか数学の時間に悟《さと》りの一瞬《いっしゅん》がきたのではないかと思うほど、鳥肌《とりはだ》が立つような感動をしてしまうときが

ある。

なぜなのかはわからない。

とくべつ、数学《すうがく》が好きではないが、相似《そうじ》や無限大《むげんだい》のメビウスの輪《わ》《∞》を学《まな》んだときも、極大《きょくだい》と極小《きょくしょう》が相似するという事実《じじつ》をどのように発見《はっけん》したのだろうと空想《くうそう》すると、頭がぶっ飛びそうなくらい感動してしまう。

それは高校のときも、微分《びぶん》積分《せきぶん》を習《なら》ったときにも起こった。数字には、どうも不思議《ふしぎ》な「気《き》」が存在《そんざい》するのかもしれない。

そういえば、易《えき》でも神道《しんとう》でも、そしてわたしが選《えら》んだ鍼灸《しんきゅう》の道ですら、陰陽五行論《いんようごぎょうろん》には数の気が存在している。

霊《れい》とか言葉に出すと、それだけでも非科学的《ひかがくてき》だとか迷信《めいしん》だといって毛嫌《けぎら》いする人も多いが、そもそも科学《かがく》などというもの自体《じたい》が、たかが二百年足《た》らずの歴史《れきし》しかないのに、それで何千年も綿々《めんめん》とつづいた気の世界のすべてを説明《せつめい》しようとすること自体《じたい》に無理《むり》がある。

科学万能主義《かがくばんのうしゅぎ》といわれているが、それでは一体《いったい》どれだけの人間がクォークという超微粒子《ちょうびりゅうし》の説明《せつめい》ができるのだろう。どれだけ実体《じったい》を感じ取って理解《りかい》している科学者《かがくしゃ》がいるのだろう？

物理学《ぶつりがく》や科学で使われる意味のわからない言葉《ことば》なら、すぐさま正しいと判断《はんだん》するくせに、同じようにみえない世界の霊《れい》という言葉を使うだけで、否定《ひてい》するのは、言葉の差別《さべつ》と同じだ。人間はどうも権威《けんい》のあるほうのみを信じたがるし、それが自分の知的《ちてき》さの証《あかし》のように錯覚《さっかく》している人もいる。

このクォークは原子核《げんしかく》をつくる電子《でんし》という素粒子《そりゅうし》のなかにあるらしい。

すべての物質《ぶっしつ》は分子《ぶんし》からなり、分子は原子が集まって構成《こうせい》されている。原子の中心《ちゅうしん》には核があり、核のまわりを電子がまわっている。

この原子核を構成しているのが、陽子《ようし》と中性子《ちゅうせいし》だ。

しかし、いまはその陽子や中性子はクォークという超《ちょう》ミクロな基本粒子《きほんりゅうし》から成《な》り立っていることがわかった。

素粒子の一〇〇億《おく》分の一の一〇〇億分の一という想像《そうぞう》すらもできない粒子がこのクォークだそうだ。

わたしは長年《ながねん》、講談社《こうだんしゃ》の「クォーク」という科学《かがく》雑誌《ざっし》を購読《こうどく》していたのだが、陽子や中性子は音《おと》に反応《はんのう》したり、念《ねん》に反応するらしいという記事《きじ》を読んだことがある。

水や生米《なまごめ》、塩《しお》、酒《さけ》、そして静電気《せいでんき》を起こしやすい榊《さかき》の枝《えだ》を立ててお祭《まつ》りする神道《しんとう》にはどうも錬金術的《れんきんじゅつてき》な、いやそれ以上のサイ科学《かがく》が組《く》み込まれているのではないかという記事だ。

量子力学《りょうしりきがく》や物理学《ぶつりがく》がとてもわかりやすく書かれていて、大嫌《だいきら》いだった物理に興味《きょうみ》を持てたのに、残念《ざんねん》なことに休刊《きゅうかん》になってしまった。

この陽子や中性子に、意識《いしき》と意思《いし》があるといっている物理学者《がくしゃ》や工学博士《こうがくはかせ》が出てきたのだから驚《おどろ》いてしまう。

キリストの三位一体《さんみいったい》や神道の三宝《ぼう》という教《おし》えは、実《じつ》はこの陽子、中性子、電子の三つに、柏手《かしわで》の音と感謝《かんしゃ》の念《ねん》を送ることで、原子の核を持つみえない己《おのれ》の魂《たましい》に何かの気《き》や神に近づけるような波動《はどう》を送り込める方法論《ほうほうろん》ではないだろうか？

神社《じんじゃ》には、白石《しろいし》という別名《べつめい》、電気石《でんきいし》と名付けられた、真っ白な石が敷《し》き詰《つ》められている。暗《くら》くなった神社でこの石の上を跳《と》ぶと光が飛び出て、子どもも心に神さまが出す光だと信じていた。

しかし、それもいまの科学《かがく》や物理学《ぶつりがく》でなら説明《せつめい》ができそうだ。

白石の上で電気を普通以上に浴《あ》びた人間が、お社《やしろ》の前に立って二拝《れい》二拍手《はくしゅ》をし、感謝の祈《いの》りという念《ねん》を送ることで、そこに何かの磁場《じば》をつくるのだと思う。

そうやって拝《おが》んだ伊勢神宮《いせじんぐう》で、何度も気の写真を撮《と》ったことがある。

たしかにみえないエネルギーは、神社や墓場《はかば》という場所には多々発生《たたはっせい》しやすい状《じょう》態《たい》になっている。

そして何よりも子どもたちと大声で無邪気《むじゃき》に騒《さわ》いでいるときに撮る写真には、さまざまな気《き》が色を出しながら出てくるようである。

ニュートンやエジソンも、晩年《ばんねん》はこのみえない世界の研究《けんきゅう》に没頭《ぼっとう》したそうだ。

とくにエジソンが霊界《れいかい》との通信機《つうしんき》をつくろうとしていたというのは、笑い話ではすまされない。それが可能《かのう》だという何かの確証《かくしょう》をつかんでいたのかもしれない。

そして現代《げんだい》科学者《かがくしゃ》として不動《ふどう》の地位《ちい》を占《し》めているあのアインシュタインですら、伊《い》勢《せ》神宮《じんぐう》に参詣《さんけい》したときに、「ここにはすべての神の元《もと》がある」といった言葉はあまりにも有名である。科学を追究《ついきゅう》したその先には、数《かず》が示《しめ》す神の意志《いし》を彼らは感じたのではないだろうか？

あの西行《さいぎょう》法師《ほうし》も、

《なにがしが　おわしますかは　しらねども　かたじけなさに　なみだこぼるる》

と伊勢神宮を詠《うた》っている。

大和《やまと》姫《ひめ》という霊媒《れいばい》能力《のうりょく》を備《そな》えた巫女《みこ》が、何十年間の巡礼《じゅんれい》のあと、この伊勢の地を選《えら》んだのにはそれなりの大地の気を感じたからかもしれない。

悟《さと》りのウンコ

人はドラマティックに生まれドラマティックに死んでいく。

だれもがとおる道であっても、生きるのと同様《どうよう》さまざまな死の道を歩くようだ。

病死《びょうし》する人、事故死《じこし》する人、災害《さいがい》で死ぬ人、殺《ころ》されて死ぬ人。

そのなかに自分で命《いのち》を絶《た》つ人もいる。わたしの知人《ちじん》や友人のなかに、すでに八人もの人が自殺《じさつ》をしている。

人生のなかで、八人もの自殺者《しゃ》が知り合いにいるのは多すぎると思う。

病《やまい》を苦《く》にした人、失恋《しつれん》の悲《かな》しみや借金苦《しゃっきんく》のために、己《おのれ》の命を絶ってしまった人もいる。

死ぬ直前《ちょくぜん》にわたしに会いにきた友人。そして電話をかけてきた幼《おさな》なじみの彼は、わたしに最後《さいご》に何を言いたかったのだろう。

しょせんは遅《おそ》かれ早かれ必《かなら》ず死ぬのに、なぜ彼らは急《いそ》いでしまったのだろう。

どの宗教家《しゅうきょうか》や霊感《れいかん》のある人に聞いても、自殺した人はあの世で地獄《じごく》に堕《お》ちて苦しむ。あるいは死んでからもその苦しみは未来永劫《みらいえいごう》つづいて、生きていたとき以上に浮《う》かばれぬ霊《れい》となって苦しみもだえていると言う。

だが、わたしはこのような言葉を聞くたびに、残《のこ》された家族は何と思うのだろうと考《かんが》えてしまう。

もちろん自殺を肯定《こうてい》するわけではない。

しかし、身内《みうち》に自《みずか》ら命を絶たれ、孫末代《まごまつだい》まであそこは自殺者が出た家《いえ》だといわれ、挙《あ》げ句《く》の果《は》てに死者は地獄で苦しんでいると聞かされる家族の心境《しんきょう》を思うと、わたしは本当に自殺者は皆《みな》死んでからも苦しんでいるのだろうかと、疑問《ぎもん》に思っている。

わたしの幼なじみや知り合いが、無間《むげん》地獄《じごく》の苦しみを味わっているのだろうか？

自殺で死んだ人は、未来永劫、本当に苦しむ以外《いがい》に救《すく》われる道はないのだろうか？

いまは安楽死《あんらくし》を認《みと》めている国もある。

癌《がん》の末期《まっき》やエイズの末期患者《かんじゃ》たちの尊厳死《そんげんし》やホスピスでの安楽死も、言い換《か》えれば自殺《じさつ》と同じ行為《こうい》ではないのだろうか？

また、日本の国は武士道《ぶしどう》のなかに切腹《せっぷく》という自害《じがい》の方法があった。自《みずか》らの腹《はら》を脇《わき》差《ざ》しで一直線《いっちょくせん》にかき開《ひら》いて自殺《じさつ》（自決《じけつ》・自害）する。

女性《じょせい》は小刀《しょうとう》で喉《のど》を一突《ひと》きして自害したらしい。

それらの自殺方法が美徳《びとく》とされ、武士の子は幼《おさな》いときから作法《さほう》の一つとして教《おし》え込まれていた。

テレビなどで自殺者の霊《れい》が彷徨《さまよ》い、その場所をとおる人に災《わざわ》いをもたらしているという番組《ばんぐみ》がよく放映《ほうえい》されているが、それならば、封建《ほうけん》時代の武士たちの霊は一体どれだけの数で彷徨っているのだろう。

十二月になれば必《かなら》ず放映される、赤穂浪士《あこうろうし》の面々《めんめん》も自害だ。彼らもまた地獄でのたうちまわっているのだろうか？

日本では、大石内蔵助《おおいしくらのすけ》がそんなふうにのたうちまわって苦しむ霊になっていると考《かんが》えている人はだれもいない。

また太平洋戦争《たいへいようせんそう》のとき、特攻隊《とっこうたい》として突撃《とつげき》した人たちの霊は、英霊《えいれい》として奉《まつ》られている。彼らだって国のためというお墨付《すみつ》きの自殺行為《こうい》だ。

自殺にも方法によって英霊になったり、美談《びだん》になったり、あるいは地獄を彷徨い浮遊霊《ふゆうれい》や自縛霊《じばくれい》になったりするちがいは、この世の人間の判断《はんだん》と、何よりもその死んだ人の心が決めているだけではないのだろうか。

この世の人間が自分たちの都合《つごう》のよい考えに合わせて、自殺者にも天国と地獄ほどの差をつくり出している。

同じ行為が人間の勝手《かって》によって天と地の差がつくものに、殺人罪《さつじんざい》もある。どんな理由《りゆう》や大義名分《たいぎめいぶん》があろうと、わたしは人の命を奪《うば》う行為は許《ゆる》されないことだと思っているし、また、あらゆる道徳的観念《どうとくてきかんねん》からも、許されないことだと思っている。

先《さき》の赤穂浪士も仇討《あだう》ちという大義がつけば、人殺しが多くの人に支持《しじ》された。とくに武士の時代には家君《かくん》の仇討ちをしないことを恥《はじ》とした時代だ。しかし本来《ほんらい》なら大石内蔵助《おおいしくらのすけ》は自殺者《じさつしゃ》であり、かつ殺人者《さつじん》なのだから、無間地獄《むげんじごく》で苦しまねばならないはずだ。

しかし、この平成《へいせい》の時代になっても赤穂浪士《あこうろうし》の墓《はか》を訪れる人はあとを絶《た》たない。長年語《ながねんかた》り継《つ》がれた美談《びだん》が彼らの魂《たましい》すらも浄化《じょうか》している。

封建《ほうけん》時代ならまだしも、この現代になってすらも戦争《せんそう》という名がつけば、神に祝福《しゅくふく》され神の名の下《もと》に人殺しが正当化《せいとうか》される。

自殺《じさつ》を否定《ひてい》する宗教《しゅうきょう》が人殺しを祝福することにわたしはとても矛盾《むじゅん》を感じている。ましてや、報復《ほうふく》のための〝戦争〟が、許《ゆる》されていいはずはない。

同じ人殺しでも、終身刑《しゅうしんけい》になったり、国から表彰《ひょうしょう》されたりする。

この天と地の差《さ》をつくっているのは、エゴの世界に生きている人間が生み出しているにすぎない。

自殺者の霊《れい》も、同じように人の考《かんが》えで振《ふ》り分けられている。

癌《がん》の末期患者《まっきかんじゃ》が、耐《た》えきれない苦痛《くつう》から解放《かいほう》されて、本来《ほんらい》の死の時期《じき》がくるよりちょっとばかり先を急《いそ》ぎ、苦痛から解放されることをのぞんで死を選択《せんたく》したとしても、その責任《せきにん》をとらされて死後《しご》に地獄で苦しむとは思えない。

またその処置《しょち》をした医者《いしゃ》が殺人罪《ざい》に問《と》われるべきではないのと同様《どうよう》、ほんの少し苦痛から逃《のが》れた人を、われわれが責《せ》めることはできない。生命反応《せいめいはんのう》を残《のこ》しているだけが生命《いのち》なら、脳死《のうし》の問題《もんだい》は根本《こんぽん》から見直《みなお》さねば、医者たちは皆《みな》殺人罪で問われてしまう。

本来《ほんらい》なら脳死移植《いしょく》で、延命《えんめい》行為《こうい》と移植行為の二者択一《しゃたくいつ》を迫《せま》られる医者は、微妙《びみょう》な立場《たちば》にいる。だからこそ脳死倫理《りんり》委員会《いいんかい》は慎重《しんちょう》に慎重を重《かさ》ね、討議《とうぎ》を重《かさ》ねなければならないのに、子どもの脳死移植までいつの間にか進められている。

命を絶《た》つという行為は、どんな場合《ばあい》でも本当の意味《いみ》での宗教《しゅうきょう》と、生命倫理や哲学《てつがく》が介在《かいざい》しなければ、たとえ医者といえども、人の命を救《すく》う行為であっても安易《あんい》に認《みと》められてはいけないと思う。

しかし、自殺という行為で何よりも知っておかなければならないのは、だれかの当てつけや、人生を悲観《ひかん》して命を絶ってはいけないとい

うことだ。

健康《けんこう》な体を傷《きず》つけ、殺《ころ》してはいけない。

自分の命であっても、思考《しこう》とは裏腹《うらはら》に肉体《にくたい》は一生懸命《いっしょうけんめい》生きようとしている。

一時《いっとき》の感情《かんじょう》で、大切な魂《たましい》の器《うつわ》を捨《す》ててはいけない。

もし失恋《しつれん》や連《つ》れ合いの裏切《うらぎ》りに耐《た》えられないと思う人がいるのなら、その悲《かな》しみのために少し時間を自分自身にあげて欲しい。たとえ己《おのれ》の命を引き替《か》えにしたところで、その悲しみや苦しみを心底理解《しんそこりかい》してくれる人などこの世にいない。人は自分自身すらも理解できないほどあやふやな生きものだということを知って欲しい。

悲しみをだれよりも癒《いや》してくれるのは時間だけだ。時がすべてをきっと解決《かいけつ》してくれるはず。

あるいは自分の思いを受け入れてくれない相手《あいて》なら、そんな人と別《わか》れればよいだけだ。

何よりも恋《こい》する気持ちは、己《おのれ》の独占欲《どくせんよく》との葛藤《かっとう》なのだと気づいて欲しい。その心《こころ》模様《もよう》に気づいたとき長所《ちょうしょ》も短所《たんしょ》もエゴも皆《みな》ふくんで、相手を大切に思う真《しん》の愛《あい》が生まれるのではないだろうか？

別《わか》れられないのは自分のなかにあるエゴにすぎない。自分をわかって欲しいというそのこと自体《じたい》がとてつもない傲慢《ごうまん》で欲深《よくぶか》い行為《こうい》なのだとわかれば、何ら苦《くる》しむこともなければ、命を捨てる必要《ひつよう》もない。

同じ捨てるなら、その人のために、その人を生かすために潔《いさぎよ》く命を投げ出す行為だってある。そんな人と必ず出会う。求めていれば出会えるのが人生《じんせい》の面白《おもしろ》いところだと思う。

当てこすりのような形《かたち》で命を捨てるほど馬鹿《ばか》げたことはない。

どれほど後悔《こうかい》しても、泣いても、取り返しもつかなければ、もう帰《かえ》ってくることができない。二度とやり直《なお》しができないのだ。

＊　＊

かつて、後悔している自殺者の霊《れい》に遭遇《そうぐう》したことがある。まだ、ピーコが生きていた当時《とうじ》の話だ。

わたしに霊感《れいかん》があると、だれかから聞いてきた人がいた。勘違《かんちが》いもはなはだしいのだが、ともかくも、行政書士の資格もあるわたしに失踪宣告の相談を持ちかけてきた。

その人のご主人の妹《いもうと》が、家出《いえで》をしたきり七年をすぎても帰らないし、警察《けいさつ》にも長年《ながねん》、捜索願《そうさくねが》いを出しているが、何の進展《しんてん》もないので、そろそろ葬儀《そうぎ》をしてもよいのだろうかという相談《そうだん》だった。

その妹という人の名前《なまえ》を聞いたとたん、みたこともない湖《みずうみ》のようなところが一瞬《いっしゅん》みえた。

だが、わたしはそんな大切な相談に乗《の》れないことと、失踪宣告《しっそうせんこく》なら七年をすぎればできることを伝《つた》えただけで別《わか》れた。

しかし、その話を聞いた時点《じてん》から異常《いじょう》に胸が苦しい。

いままでの経験上《けいけんじょう》こういうときは金縛《かなしば》りに遭《あ》いそうだったので、わたしは寝室《しんしつ》に上がる階段《かいだん》の三段《だん》目に、以前《いぜん》、吉野《よしの》の蔵王堂《ざおうどう》に参詣《さんけい》したときのお札《ふだ》を貼《は》った。

社務所《しゃむしょ》で販売《はんばい》しているお守りや、根付《ねつ》けの可愛《かわい》いものを買《か》おうと思っていると、風《かぜ》もないのにお札《ふだ》がわたしのほうに飛んできた。

びっくりして手で握《にぎ》ったお札が、何か示唆《しさ》されているみたいでわたしは迷《まよ》わずに買い求《もと》めたものだった。

ずっと自宅《じたく》の神棚《かみだな》に置《お》いていたのだが、こういうときに使うのかもしれないと思い結界《けっかい》の意味も込《こ》めて貼った。

夜になってもなかなか寝《ね》つかれずにいると、玄関《げんかん》の鍵《かぎ》がガチャンと開けられる音がする。

きたな。わたしはきっとくると思っていた。

階段の真下《ました》にだれかがいる気配《けはい》がする。

だが、何度《なんど》も上《あ》がっては降《お》り、また上がってきて三段目で立ち止まっている気配だ。

「すみません……」

と女性《じょせい》の声が聞こえた。

一緒《いっしょ》に寝ている四匹の犬たちも目をさまして起きているが、下に降りようとはしない。じっとうずくまって気配を感じているみたいだった。

ピーコだけは少し毛を立てている。

わたしは迂闊《うかつ》に返事《へんじ》をしてはいけないと思って、だまっていた。

すると、

「すみません。話を聞いてくれませんか?」と、また若い女性の声が聞こえる。

わたしはベッドの上に正座《せいざ》して目をつぶった。

「降《お》りてきてください」

それでもわたしはだまる。徐々《じょじょ》に女性の声が荒々《あらあら》しくなって、悲鳴《ひめい》に近いような声になりはじめた。

「降りてきて。ここから上に上がれないから、降りてきてよ」

といったかと思うと、階段《かいだん》を手のひらで叩《たた》く音がした。目をつぶるわたしの脳裏《のうり》に彼女の姿《すがた》が映《うつ》った。

半袖《はんそで》の白い生地《きじ》にカラフルなドットプリントのついたワンピースを着《き》て、白い鞄《かばん》を持っている。なぜか靴《くつ》ははいていない。

ボブカットで、うつむき加減《かげん》の女性がはっきりと浮《う》かんだ。

「御願《おねが》い。降りてきてぇー」

と泣き叫ぶ声になってきた。

正座している足がやっぱりガクガク震《ふる》える。だが、苦しんでいる彼女が哀《あわ》れでしかたがないが、京都《きょうと》の学生《がくせい》時代の失敗《しっぱい》は、二度とごめんだ。

だから、わたしは心を鬼《おに》にして彼女の呼びかけに、あえて返事《へんじ》をしなかった。

泣き声が聞こえる。

また彼女の姿がみえる。うしろを向き、どこかに引き返そうとしていたが、そのうしろ姿のワンピースの裾《すそ》から、水が滴《したた》り落ちている。

別《べつ》に幽霊《ゆうれい》がオシッコを漏《も》らしたわけではないだろう。

どちらかといえば、漏らしたいのはこちらのほうだ。

そのうしろ姿が葦《あし》の茂《しげ》る湖に消えていった。

そして、玄関《げんかん》の鍵《かぎ》がガチャンと閉《し》まる音が聞こえた。

「帰った……」

ピーコたち四匹の犬を抱《だ》きしめ、わたしを守ってくれたことに礼《れい》を言った。

翌朝《よくあさ》、相談《そうだん》を持ちかけた人に電話《でんわ》をして、その妹《いもうと》さんが家出《いえで》をしたときの服装《ふくそう》を御両親《ごりょうしん》から聞いて欲しいと伝《つた》えた。

それを伝えれば、昨夜《さくや》の霊《れい》は必ず相談者《そうだんしゃ》についてわたしのところにくるはずだ。なぜかそう感じた。話すのはそのときでよい。

案《あん》の定《じょう》、相談者のSさんがきた。

そして玄関《げんかん》から上がってくるSさんのうしろに、うつむいたまま昨夜《さくや》の女性がついてきていた。そして、その女性の失踪《しっそう》したときの服装は、ものの見事《みごと》に昨夜みた服装、そしていまこの場で立っている姿《すがた》とまったく同じだった。写真《しゃしん》をみせられて、髪型《かみがた》も背格好《せかっこう》も同じだとわかった。彼女は入水自殺《じゅすいじさつ》をしている。

どこかの湖《みずうみ》か池《いけ》か場所《ばしょ》はわからないが、あの時はっきりと湖のようなところがみえた。だが、彼女は死んでから後悔《こうかい》した。

自分が死んでも、まわりは何も変わらなかった。変わったのは家族が憔悴《しょうすい》しきって泣き暮《く》らしている姿に変貌《へんぼう》したことだ。

家族を泣かすために死んだのではない。だが後悔させてやりたい相手は、何の変化もなければ、しばらくのあいだは驚《おどろ》き悲《かな》しんだが、あっという間に忘れ去《さ》られ、記憶《きおく》のなかからも彼女は消えようとしている。

そんなはずではなかった。自殺は大きな誤算《ごさん》だった。何のための自殺だったのか、彼女は死んでから自分の心も晴れないことに気がついた。どれほど後悔しても、もう生き返《かえ》れない苦しみと悲《かな》しみに打ちのめされて、家族に謝《あやま》りたくて、泣いていたにちがいない。

見当違《けんとうちが》いで自殺した人の大半《たいはん》が、死んだ場所に残《のこ》るのはそういうことなのかもしれない。

Sさんのうしろに立っている彼女に、

（家族に心から謝って、早く自分の本当の場所にいったらどうですか？　きっと素敵《すてき》な生まれ変わりが待っていますよ。今度《こんど》こそ生きることを楽《たの》しんでね）

と心のなかで伝えた。そして彼女が光に導《みちび》かれて、新《あたら》しい世界で心が安《やす》らぐことだけをひたすら祈《いの》った。

彼女のような自殺は決してすべきではない。

だが、もし家族のなかに自殺《じさつ》している人がいるのなら、わたしは是非残《ぜひのこ》された人たちには、楽しく生きてもらいたい。

大いに笑《わら》い、大いに人生《じんせい》を楽しみ、死んだ人にも同じようにその喜《よろこ》びを共有《きょうゆう》させてやって欲しい。そして、いつまでも泣かないで、よい意味で悲《かな》しみを早く忘れて欲しい。

泣いても帰ってこないのだから、それなら一日も早く次の世界に行けるように先を急《いそ》いだ彼らを温《あたた》かく見守ってやってほしい。

思いは必ず自殺者に通《つう》じる。通じれば、笑顔《えがお》で別れを告《つ》げて消える霊《れい》もいることを知って欲しい。

それは家族ばかりでなく、友人だって知人だって、見ず知らずのわたしたちでもできる。

わたしはそう確信《かくしん》している。

死んだ場所に彷徨《さまよ》っている霊ばかりではないと思う。悲観《ひかん》して死んだ人に、追《お》い打ちをかけるような悲観の気を送ってはならない。

自殺者も、生きている者《もの》、残された人間の心で、きちんと成仏《じょうぶつ》できると信じている。生きている家族の目をとおして、この世を見、素敵《すてき》な人を見、素敵な景色《けしき》に感動《かんどう》している。そして、一切《いっさい》の後悔《こうかい》から解放《かいほう》されたとき、家族から離《はな》れて大いなる魂《たましい》の世界に入っていく。

この女性とのことがあってから、不思議《ふしぎ》なことにピーコはお客《きゃく》さんが大勢《おおぜい》きたり、塾生《じゅくせい》が家に泊《と》まったりすると、決まって階段《かいだん》の三段目に寝《ね》そべり、だれも二階《かい》に上がらないように見張《みは》りをするようになった。

大好きな塾生でも勝手《かって》に二階に上がろうとすると、「ウゥー」と、うなり声をあげて威嚇《いかく》した。

わたしの家族と、ピーコが大好きな幼《おさな》なじみのお信《のぶ》（信子《のぶこ》さん）にだけは、二階に上がることを許《ゆる》していた。

犬は那智《なち》も含《ふく》めて数多く飼ってきたが、どの犬も霊的《れいてき》な波動《はどう》には敏感《びんかん》だ。

そしていま、まるで神社《じんじゃ》の狛犬《こまいぬ》のように、亡《な》くなった犬たちはわたしをずっと守ってくれている。

どうも犬は飼い主が死ぬまで、そばにいるのではないだろうか？

＊　＊

わたしは別《べつ》にこの文章《ぶんしょう》で、自殺《じさつ》を認《みと》めているわけではない。

どんな人も、自殺だけは踏《ふ》みとどまって欲しい。

つらくても、生きていればいろいろな選択法《せんたくほう》がみいだせる。

この取り返しがつかないことを、わたしは多くの人に知って欲しいし、知って欲しいからこそ、家族やペットの死を大切に弔《とむら》って欲しいと思う。

知って欲しいからこそ、あえて霊《れい》の存在《そんざい》を自分なりの経験《けいけん》を通して公表《こうひょう》したいと思っている。

この世を悲観《ひかん》して死にたいと思う人は、己《おのれ》がどれほどの人生《じんせい》を歩き、どれほど社会《しゃかい》に貢献《こうけん》したのかを考《かんが》えれば、自分の視野《しや》や経験の計《はか》りだけでこの人生はつまらないと判断《はんだん》してはもったいない。

つまらないのは、あなたの考えや行動《こうどう》そのものなのだから、ちょっとした頭の切り替《か》えが、人生に花《はな》を咲《さ》かせることもあることを知って欲しい。

意識《いしき》の方向《ほうこう》を変えれば、星《ほし》一つみても感動《かんどう》を覚《おぼ》えるし、わたしは洗濯物《せんたくもの》がよく乾《かわ》いただけでうれしい気持ちになれる。

そして我《わ》が家《や》の物言《ものい》えぬワンコやニャンコが、きょうも病気《びょうき》もせずに短《みじか》い生《せい》を一生懸命《いっしょうけんめい》生きている姿《すがた》をみせてもらうだけで、手を合わせたくなるほどありがたい。

幸《しあわ》せとは、そういう小さなものだと思う。

『知足《ちそく》』を実感《じっかん》することだ。

まわりを真剣《しんけん》にみれば、如何《いか》に己が恵《めぐ》まれ幸せなのか理解《りかい》できるだろう。

不幸《ふこう》にしているのは、自分自身の心だったことに気がつくはずだ。

それくらい気持ちや心はコロコロと常《つね》に変化《へんか》している危《あぶ》なげなものだ。それに惑《まど》わされてはいけない。

同じ心《こころ》模様《もよう》なら楽《たの》しい振《ふ》りをしてみよう。うれしい気分の振りをしてみよう。

どの人も、決して死を早まることはない。

突然《とつぜん》の死は明日《あした》かもしれないし、一〇年先かもしれない。でも、もし明日なら、きょういますぐ死にたいのだろうか？

アメリカのようにいつ日本だってテロの被害《ひがい》を被《こうむ》るかもしれないし、その場に自分が遭遇《そうぐう》するかもしれない。

また東海大地震《とうかいだいじしん》が起こって、日本は沈没《ちんぼつ》するかもしれない。何が起こるかさっぱり予測《よそく》がつかないいまの時代だからこそ、一日を大切に生きて欲しい。

また平穏無事《へいおんぶじ》に、たとえ八〇年生きたところで、人間ひとりができること、学《まな》べる量《りょう》、遭遇《そうぐう》できる人の数、そして持てるものはしれている。

自然《しぜん》の運行《うんこう》を理解《りかい》できると、苦《く》と楽《らく》、悲《かな》しみと喜《よろこ》びのどちらもが極《きわ》まれば、もう一方《いっぽう》に転《てん》じるしかないという摂理《せつり》に気がつく。

悲しみの極致《きょくち》がきたとき、次《つぎ》は楽しみがくるようになっている。自然は易《えき》の太極《たいきょく》のごとく、「陰極《いんきわ》まれば陽《よう》と成《な》し、陽極《ようきわ》まれば陰《いん》を成《な》す」のとおりに動いている。

人生の結論《けつろん》を出すのなら、せめて七〇才を越《こ》えてからじっくり悲観《ひかん》か楽観《らっかん》したものなのかどうかを見極《みきわ》めればよい。

人生のじの字も歩いていないときに、結論を出すのは早計《そうけい》すぎる。

またイジメや引きこもりで、自殺したいと考《かんが》えている人にも言いたい。

人をイジメるような、口悪《くちわる》く言えばケツの穴《あな》の小さい人間のために自分の命を投げ出す必要《ひつよう》などどこにもない。

むかしからよい諺《ことわざ》がたくさんある。先人《せんじん》は豊富《ほうふ》な経験《けいけん》から貴重《きちょう》な言葉を残《のこ》してくれている。

「逃《に》げるが勝《か》ち」

これに尽《つ》きる。

しつこくイジメるヤツからは逃げる。それだけでよい。勝《か》ちとか負《ま》けるとかにこだわる必要《ひつよう》など一切ない。

自分自身が意地《いじ》も何もかもすべてを捨《す》てれば、道は四方《しほう》八方《はっぽう》に広がっている。幸運《こううん》の女神《めがみ》が両手《りょうて》を広げ、微笑《ほほえ》みかけてくれるのだから。

引きこもって、やることが何もない人は、海外援助《かいがいえんじょ》に是非《ぜひ》力を貸《か》して欲しいと思う。あなたひとりの力がどれだけの多くの命を救《すく》えるか計《はか》りしれない。

死にたいと思うのなら、その命を生きたいと思う発展途上国《はってんとじょうこく》の人々に捧《ささ》げてやって欲しい。

あなたの残《のこ》された人生を彼らに託《たく》して欲しい。

人生とは、どの人のどのときにもそれなりの素晴《すば》らしいドラマがある。

＊　＊

わたしの恩師《おんし》も精神病院《せいしんびょういん》に入院《にゅういん》したことがある。いろいろなストレスから生きる自信《じしん》をなくし、鬱病《うつびょう》になりかけていた。

ところが入院すると、まわりは自分より重病人《じゅうびょうにん》ばかりだ。

ちょっと目を離《はな》すと、隣《とな》りのベッドに寝《ね》ている人が自殺《じさつ》しかける。

そして恩師は我《われ》を忘《わす》れて、毎晩毎晩《まいばんまいばん》、面白《おもしろ》い話《はなし》を聞かせたり、歌《うた》を一緒《しっしょ》に歌ったりしてどんどん患者《かんじゃ》さんたちと友好《ゆうこう》の輪《わ》を広げたそうだ。

そうこうしているうちに、恩師は何の治療《ちりょう》もなされないまま完全《かんぜん》に回復《かいふく》していた。

人間はどこでだれが、自分を必要《ひつよう》としているかわからない。

先生はその後《ご》二度と精神《せいしん》を病《や》むことがなくなったのだそうだ。

そういうわたしも、一時期《じき》、自暴自棄《じぼうじき》になったことがある。自殺とまでは考《かんが》えなくとも、車を運転《うんてん》しながら、できたらこのまま交通事故《こうつうじこ》に遭《あ》って、自分が消《き》えていきたいと思ったことがあった。

大学《だいがく》時代あれほど強《つよ》く生きようと思っていたのに、人間は弱《よわ》い部分《ぶぶん》も多々《たた》持ち併《あわ》せていて、何度も同じ失敗《しっぱい》を繰《く》り返すものだ。

両親《りょうしん》や兄のことを思うと、自殺などという行為《こうい》には走れなかったが、何をやっても裏目《うらめ》に出てしまう自分にそれこそ悲観的《ひかんてき》だった。

自分に逃げ道《みち》がないと錯覚《さっかく》していた。

生きる意味も張《は》り合いもなくし、完全《かんぜん》な自信喪失《じしんそうしつ》に陥《おちい》っていた。事故死《じこし》ならだれもわたしを責《せ》めないだろうし、残された家族も恥《はじ》をかくこともないだろうと、消極《しょうきょく》的《てき》な自殺願望《がんぼう》が心の片隅《かたすみ》にあった。

悲《かな》しみは一時期のもの。いつかわたしのことも忘《わす》れて家族はそれぞれの人生を楽《たの》しくやってくれるはずだと勝手《かって》に思い込みながら、スカイラインや伊勢道路《いせどうろ》の急《きゅう》カーブのある山道《やまみち》で車を疾走《しっそう》させていた。

そんな気持ちで車を飛ばしていたにもかかわらず、何も食べていないはずなのに急《きゅう》に強烈《きょうれつ》な腹痛《ふくつう》に襲《おそ》われた。

アクセルを踏《ふ》むのがやっとで、足まで震《ふる》えがくるほどの激痛《げきつう》だ。辺《あた》りをみると、どこにもトイレを借《か》りられそうなところもない。肛門《こうもん》が、気を抜《ぬ》けば一気《いっき》に口を開きそうな感覚《かんかく》になっている。

危《あぶ》ない。

だが、野《の》ションならまだしも、野ウンをするほどの勇気《ゆうき》はない。死にたいと思うくらいなのだから、人にみられたり人に笑《わら》われることなんてどうでもよいことなのに、どこかに羞恥心《しゅうちしん》が残《のこ》っている。

感傷《かんしょう》にふけって涙《なみだ》ぐんでいたはずのわたしの顔《かお》は、腹痛で苦渋《くじゅう》にゆがみ脂汗《あぶらあせ》を流《なが》しはじめている。頭のなかにあった先ほどの自殺願望《じさつがんぼう》はどこにいったのだろう。

自殺……とんでもない。とにかく頭は「トイレ、トイレ」と呪文《じゅもん》を唱《とな》えている。

何も考《かんが》えられない。悲《かな》しかったこと、苦しかったこと、そんなことどうでもいいやというくらいお腹《なか》が痛《いた》い。

一体悩《いったいなや》みって何なの、と聞きたくなるほど呆気《あっけ》ないものだ。

悲劇《ひげき》のヒロインのようにハラハラと泣いて感傷《かんしょう》にふける女を演《えん》じていたわたしの顔は、肛門に力を込《こ》めるのと腹痛をたえるために歌舞伎役者《かぶきやくしゃ》が啖呵《たんか》を切るのと同じ顔つきになった。あとから思い出すだけでも笑えてくる顔つきだ。

鳥羽《とば》を少し越《こ》えたところの喫茶店《きっさてん》に、やっとのおもいで入った。

ウェートレスが「ご注文《ちゅうもん》は?」と聞くのも待てずに、トイレに駆《か》け込みながら
「コ、コ、コーヒー!」

と、どうにか声を出した。

品《ひん》のない話で恐縮《きょうしゅく》だが、和式水洗《わしきすいせん》トイレにしゃがみ込むのと同時《どうじ》に「ブリッー、ブリ、ブリッ!」と便器《べんき》にヒビが入るのではと思うくらい、ドでかいオナラとともに、大量《たいりょう》のウンチが次々《つぎつぎ》と出てくる。

腹痛がスーッと引いていくのと同時に、心も体も晴れ晴れした。

「はぁ〜〜!(〜〜o)」

という言葉しかでないくらい、気持ちがよかった。

もう一つ汚《きたな》い話を付け足《た》せば、水で流《なが》す前に自分の出した大便《だいべん》の量《りょう》を確認《かくにん》した。

そのあまりの量にわたしはなぜか変な感動《かんどう》が走ったのである。

『でたぁー』

言葉でどう表《あらわ》してよいのか、この二文字《ふたもじ》しか出ないのだが、心はもっともっと深《ふか》いところで感動している。あんなに死にたかった自分なのに、身体《からだ》はこんなに勢《いきお》いよく排泄《はいせつ》をし、生きている証《あかし》をみせてくれている。

わたしの肉体《にくたい》は、わたしの思考《しこう》や感情《かんじょう》とは別《べつ》に、生きようとしている。

限《かぎ》りある時間《じかん》まで精一杯《せいいっぱい》、細胞《さいぼう》の隅々《すみずみ》までが一生懸命《いっしょうけんめい》生きようとしている。

自分の肉体は自分のものであっても、それぞれの意思《いし》が働《はたら》いているみたいで、この大量のウンチとともに、わたしの汚《よご》れた心まで出し切ってくれたような気がした。

トイレの洗面所《せんめんじょ》の鏡《かがみ》で自分の顔をみた。

冷《ひ》や汗《あせ》と涙《なみだ》でぐちゃぐちゃの顔なのに、車《くるま》のバックミラーでみたときは青ざめていた顔が、安堵感《あんどかん》と排泄《はいせつ》の快感《かいかん》で汗も混《ま》じってピンク色に輝《かがや》いている。

『ウンチがわたしを救《すく》ってくれた』

そう思ったら笑えてきた。人がみたらどうかしていると思われただろう。だが、ひとり喫茶店《きっさてん》のトイレのなかで大声《おおごえ》で笑った。

そして、笑いながら涙《なみだ》がいっぱい出てきた。

あのウンチとおならの音と比《くら》べたら、わたしの心の悩《なや》みなんてちっぽけなものだ。肉体《にくたい》が、

《お前の心模様《こころもよう》なんて、自然《しぜん》の力に比べたら微々《びび》たるものだ。どうだ、生きているとはこうやってお前が悩《なや》もうが、苦しもうが身体《からだ》は消化《しょうか》をし、栄養《えいよう》を吸収《きゅうしゅう》し、蓄《たくわ》え、カスを排泄《はいせつ》しているんだ。心臓《しんぞう》だって一生懸命《いっしょうけんめい》動いているぞ。肺《はい》も胃《い》も腸《ちょう》もお前と一緒《いっしょ》に一生懸命生きているんだ。全部《ぜんぶ》含《ふく》めてお前だ！》

といっているみたいに、山盛《やまも》りのウンチに叱《しか》られているみたいだった。

自分のウンチに励《はげ》まされた。小学四年生ではオナラが生き返らせてくれた。

どんな高尚《こうしょう》な本や、哲学《てつがく》の書《しょ》あるいは高僧《こうそう》の教《おし》えより、わたしは自分のオナラで生き返り、自分のウンチに自殺を引き留《と》められた。

低俗《ていぞく》だ、下品《げひん》だと言われてもよい。これがわたしなのだと思ったら、恥《はじ》や見栄《みえ》に囚《とら》われている自分に自分自身が雁字搦《がんじがら》めになっていただけだとわかった。

漫才《まんざい》の素材《そざい》にもなりそうなくらいの笑い話だが、わたしは正直《しょうじき》このときほど己《おのれ》の身体《からだ》を愛《いと》おしく感じたことはない。

そのとき一休《いっきゅう》禅師《ぜんじ》の、

《人の世は　食うて　糞《くそ》して　寝て　起きて　あとは死ぬだけ》

という言葉が浮《う》かんだ。立派《りっぱ》な人もそうでない人も、悲《かな》しい人も楽《たの》しい人も、人として生きているさまに大差《たいさ》はない。

あくせくしても、自然《しぜん》の摂理《せつり》には逆《さか》らっては生きられない。あるがまま、気負《きお》わず焦《あせ》らず、目の前にあることに一生懸命誠実《せいじつ》に生きていればよい。

むずかしいことも考《かんが》えず、この人間が生きている当たり前の生理《せいり》作用《さよう》をきょう一日できたなら、ありがたいと感謝《かんしゃ》して生きようと思った。

「ウンチも悟《さと》りの一里塚《いちりづか》」

人生《じんせい》で大きな教《おし》えになった。

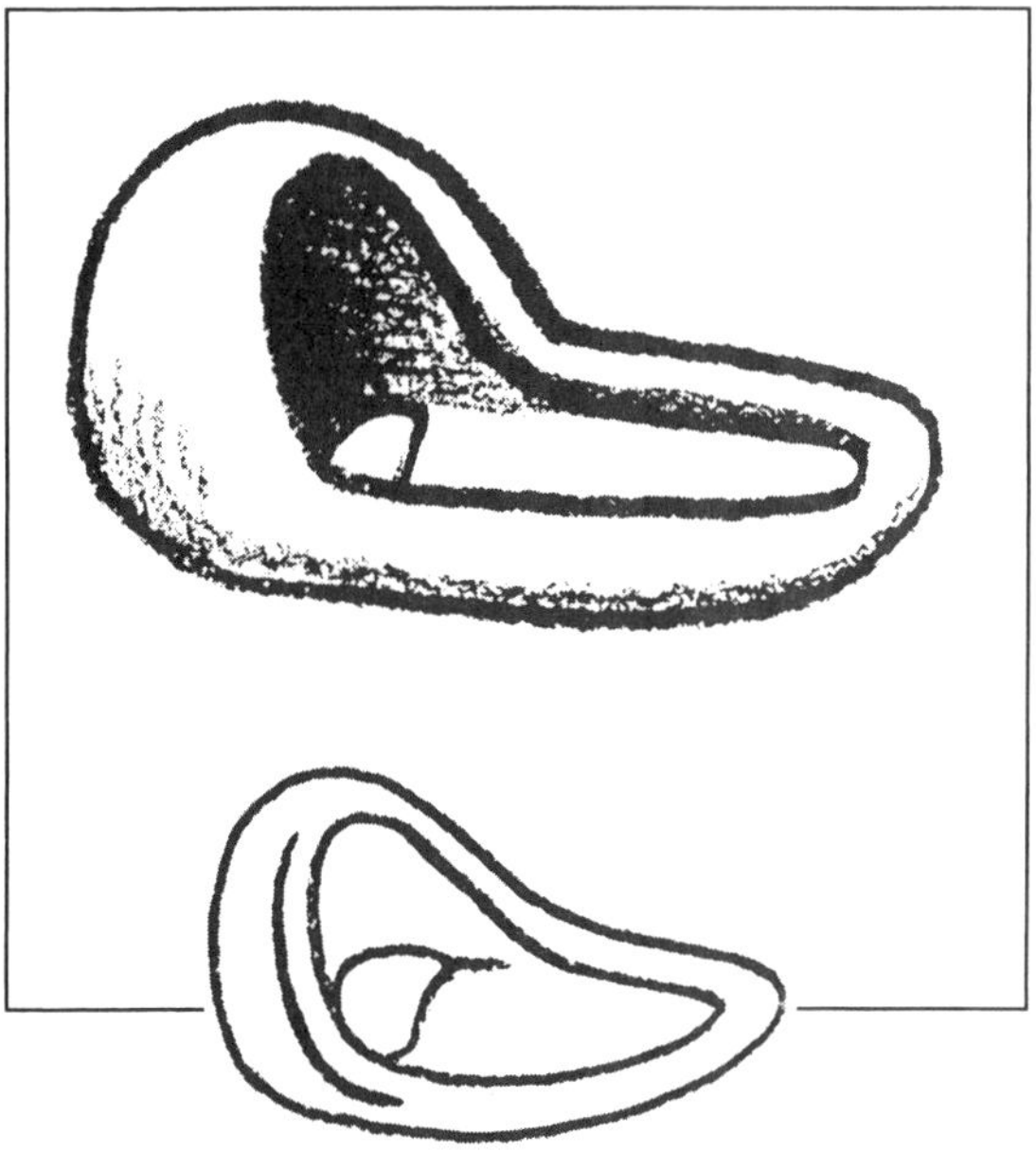

動物《どうぶつ》たちの魂《たましい》の叫《さけ》び

わたしは、なぜか小さなときからこのような強烈《きょうれつ》な夢《ゆめ》の体験《たいけん》が多い。

夢か霊視《れいし》したのか、はたまた寝《ね》ぼけていたのかは自分で判断《はんだん》できないが、霊《れい》もお化けも決して毛嫌《けぎら》いする必要《ひつよう》はないと、わたしは思っている。

わたしに霊能者《れいのうしゃ》の道に進めと助言《じょげん》してくれた宗教家《しゅうきょうか》や霊能者たちとも出会ったが、わたしはそんな大《だい》それたことができる能力《のうりょく》など持ち合わせていない。

人間がだれでも持っている感受性《かんじゅせい》が、ちょっと人より強《つよ》かったにすぎない。

それにそんな能力を磨《みが》く気持ちにもなれない。

霊がみえたところで社会《しゃかい》に対《たい》してさほどの貢献《こうけん》もできないのだから、みえてもしかたがないし、みえるといっても、いつもどんなときもみえるわけではない。

わたしはこれらの不可思議《ふかしぎ》な経験《けいけん》で、自分の生き方を教《おし》えてもらうチャンスを得《え》ただけだと思っている。そして、その生き方は、永遠《えいえん》につづく魂《たましい》にもつながっていくのだと、知らされたのだ。

だから、みえない気にも興味《きょうみ》を持った。

そして気を重視《じゅうし》する鍼灸《しんきゅう》という世界《せかい》で、人さまの役《やく》に立ちたいと願《ねが》った。

そして東洋《とうよう》医学《いがく》を勉強《べんきょう》すればするほど、人間の命、そして生命《せいめい》の気は悠久《ゆうきゅう》の世界につながっていることを治療《ちりょう》をとおして実感《じっかん》している。

人はひとりで生きているわけではない。

生きている人間同士《どうし》だけでなく、目にみえないあらゆるエネルギーにも大いに干渉《かんしょう》を受《う》けながら生活している。

その干渉《かんしょう》の気が多すぎたり少なすぎたりして、体調《たいちょう》を壊《こわ》している。それをわたしたちは鍼《はり》の気やツボの組《く》み合わせ、あるいは手技《しゅぎ》や気功《きこう》を使《つか》って気を補《おぎな》うことで、本来《ほんらい》その人が健全《けんぜん》に持っている正常《せいじょう》な気のバランスに近《ちか》づけようとしている。

だから息《いき》をこらして、患者《かんじゃ》さんの身体全体《からだぜんたい》をじっと見つめている。

ある日、難病《なんびょう》の患者さんに、その人が以前《いぜん》飼《か》っていた犬がついてきたことがあった。

初診《しょしん》のときに、この患者さんには癌《がん》の気が漂《ただよ》っていた。においも特殊《とくしゅ》だ。こういう患者さんのときは、わたしの師匠《ししょう》でもある主任《しゅにん》に治療《ちりょう》は任《まか》せきりになる。

しかし、ある日、主任が診断《しんだん》をしている最中《さいちゅう》に、患者さんの胸にくっきりと白いマルチーズのような犬の顔が現《あら》われた。

心配《しんぱい》そうにその犬が私の顔を見ている。

（大丈夫《だいじょうぶ》、きっと治《なお》るから）

とわたしは、その犬に心のなかで伝《つた》えた。そしてその日から彼の治療にわたしも参加《さんか》することになった。すると次回《じかい》からは犬は見えなくなった。きっと、安心《あんしん》したのだろう。

だが、彼は三度目の抗癌剤治療《こうがんざいちりょう》の入院中《にゅういんちゅう》に感染症《かんせんしょう》を起こし、意識《いしき》不明《ふめい》のまま亡《な》くなった。知らせを受けて、大急《おおいそ》ぎで病院《びょういん》へ行くと、昏睡状態《こんすいじょうたい》の彼が二度、目を開けてくれた。私の声が聞こえたのかどうかわからない。しかし彼の魂《たましい》はきっと私の声を聞いてくれたと感《かん》じた。

彼には奇跡《きせき》が起こって欲《ほ》しかった。棺《ひつぎ》のなかの冷《つめ》たくなった彼の顔を手でなでながら、元気《げんき》になったら一緒《いっしょ》に飲《の》もうという約束《やくそく》を果《は》たせなかったことを心から詫《わ》びた。そしてあの世で一緒にゆっくり飲もうねと伝《つた》えた。

ふと見上げると、あのとき見えた白い犬が、祭壇《さいだん》に飾《かざ》られた彼の遺影《いえい》の右下にくっきり浮《う》かんでいた。

「役《やく》に立てなくてごめんね」と、その犬にも心から謝《あやま》った。

犬は死後《しご》何十年たっても飼《か》い主《ぬし》を案《あん》じ、飼い主の側《そば》にいる。そんな犬たちの健気《けなげ》さをみせられると、保健所《ほけんじょ》で処分《しょぶん》される犬たちは一体《いったい》どこへ行くのだろうと心配《しんぱい》になる。

罪《つみ》なくして生まれた命が、人の裏切《うらぎ》りで絶《た》たれていく。しかも、動物《どうぶつ》たちは最期《さいご》の最期まで、飼い主や人間を信《しん》じている。

死後に飼い主の裏切りと、人の裏切りを知ることになる犬や猫たちの霊《れい》は、どんな思いだろう。

そう考えると、やるせない気持ちと、己《おのれ》の非力《ひりき》を痛切《つうせつ》に感じてしまう。

動物は人間以上に気に敏感《びんかん》だし、素晴《すば》らしい波動《はどう》の気を出している。

心とか魂《たましい》とか霊性《れいせい》という観点《かんてん》から語《かた》れば、動物たちのほうが人間より上ではないのだろうかとさえ思う。

だから、人間は動物に触《ふ》れるだけで心が落《お》ち着《つ》くのではないだろうか？

犬や猫はとくに人間との関係《かんけい》を深《ふか》めていくなかで、ヒーラーとしての能力《のうりょく》を発揮《はっき》している。下手《へた》な精神科医《せいしんかい》やカウンセラーより、彼らは心を病《や》んだ人間を己《おのれ》の身体《からだ》全体《ぜんたい》で受《う》けとめてくれる。

そんな犬や猫を傷《きず》つけてはいけない。

よく人から「何になりたいか」とか、「何を目指《めざ》したいですか」という質問《しつもん》を受け

るが、わたしは触《ふ》れただけで人の心が和《なご》むような、犬みたいな、あるいは猫みたいになりたい。

動物に触れるだけで人は心が落ち着くのなら、会っているだけで楽《たの》しくなれるような、会っているとつい笑って元気が出るような、そんな場《ば》をつくれる人間になりたい。

犬や猫に触れているとそれだけで幸《しあわ》せな気分になれる。嫌《いや》なことがあっても犬の仕草《しぐさ》につい微笑《ほほえ》んでしまう。

犬や猫は、いつだって人間を瞬時《しゅんじ》に悟《さと》らせてくれる最高《さいこう》の宗教家《しゅうきょうか》だと思う。

わたしにとっては、彼らこそ観世音菩薩《かんぜおんぼさつ》であり、聖母《せいぼ》マリアであり、天使《てんし》そのものなのだ。

枕元《まくらもと》にたって死を知らせるのは人間だけではな

い。

己《おのれ》の死を知らせにやってきた近所の犬もいた。わたしと遊《あそ》ぶのが何よりも楽《たの》しみで、わたしの車の音《おと》を覚《おぼ》え、会いに行くと身体全体《からだぜんたい》で喜《よろこ》びを表《あらわ》してくれたあのリリーという犬も、わたしの前に現《あら》われた。いつもの仕草《しぐさ》と同じように尾《お》を振《ふ》り、耳をそらせて笑って消えていった。

もし、わたしが万《まん》が一、霊能者《れいのうしゃ》になれるのなら、動物を救《すく》える霊能者ならば本気《ほんき》でなってみたい。

何の罪《つみ》もなく殺《ころ》されていった動物たちの悲《かな》しみを救えるのなら、どんな修行《しゅぎょう》だっていとわない。彼らが救われるのなら、どんな苦行《くぎょう》も受け入れる。

たくさんの宗教宗派《しゅうきょうしゅうは》が存在《そんざい》する日本。

でも、どの宗教団体《しゅうきょうだんたい》も、保健所《ほけんじょ》や行政《ぎょうせい》、あるいは企業《きぎょう》や大学《だいがく》が行《おこ》なっている「動物版《ばん》アウシュビッツ」（愛護《あいご》という名の殺戮《さつりく》／地域住民《ちいきじゅうみん》の安全《あんぜん》のためという捕獲《ほかく》と死／人間の安全性《あんぜんせい》のためにという動物実験《どうぶつじっけん》……）に匹敵《ひってき》する殺戮《さつりく》に、宗教家が声を大にして異議《いぎ》を唱《とな》えたということを、聞いたことがない。

人のための宗教宗派であっても、生きとし生けるもののための宗教宗派ではないのだろう。残念《ざんねん》なことだ。

そもそもわたしが動物保護活動《どうぶつほごかつどう》に身《み》を投《とう》じることになったのも、このような霊的《れいてき》な体験《たいけん》からだった。

鍼灸専門学校《しんきゅうせんもんがっこう》時代に解剖《かいぼう》の実習時間《じっしゅうじかん》に、保健所で殺処分《さつしょぶん》された犬二五匹を解剖したことがある。

そのどの犬たちも恐怖《きょうふ》でおののいた目のなかに、悲しみの涙《なみだ》がこぼれていたことをわたしは何年も忘《わす》れられなかった。

保健所で殺処分《さつしょぶん》を待ちながら、それでも飼い主が戻《もど》ってくるのではと、どれほど待ちこがれたことだろう。

食《た》べ物《もの》も、水すらも与《あた》えてもらえないところも多いと聞いている。

拾得物以下《しゅうとくぶついか》の扱《あつか》いを受け、あげくの果《は》てに毒殺《どくさつ》(あるいは窒息《ちっそく》)死される彼らの涙を思うと、両耳《りょうみみ》が破裂《はれつ》しそうなくらい苦しかった。

毎日、大量《たいりょう》に焼却《しょうきゃく》される犬たち。

無惨《むざん》に積《つ》まれた首輪《くびわ》。

生きものをゴミのように平気《へいき》で捨《す》てる人間の無情《むじょう》さ、傲慢《ごうまん》さ。

大量生産《たいりょうせいさん》された子犬《こいぬ》や子猫《こねこ》たちが、毎日のように競《せ》り市《いち》にかけられて、値段《ねだん》を付けられる。そして、〝商品《しょうひん》〟として、ペットショップに並《なら》ぶ。

ペットショップで売《う》れ残《のこ》った犬や猫は、動物実験《どうぶつじっけん》に売り飛ばされたり、山に捨《す》てられたり、あるいはY県《けん》やS県などに存在《そんざい》する、劣悪環境《れつあくかんきょう》の多頭飼育場《たとうしいくじょう》に〝捨てられて〟いく。ファッション感覚《かんかく》で飼っていた動物を、飽《あ》きたら捨てる人間の残酷《ざんこく》さと非情《ひじょう》さに、やるせない思いを抱《いだ》きつづけて、ずっと目をつむってきた。

毛皮製品《けがわせいひん》のために、多くの犬猫が犠牲《ぎせい》になっていることをだれが知っているのだろう？

当たり前と思っていた自分たちの生活《せいかつ》の裏《うら》に、こんな無間地獄の悲《かな》しみがあった。

人間と何千年ものあいだ、ともに生きてきた犬や猫には、人間と同じように魂《たましい》も存在《そんざい》していることを、私は肌《はだ》で感《かん》じていた。

感じていたにもかかわらず、どこか自分のなかで半信半疑《はんしんはんぎ》な、あるいは自分にはどうすることもできないという焦燥感《しょうそうかん》を抱《いだ》いていたのは事実《じじつ》だ。

そしてわたしは、自分自身の心を偽《いつわ》って生きていた。

しかし、彼らは私に魂の存在《そんざい》を強烈《きょうれつ》に知らせてきたのだった。

「私たちの声を聞いてくれ。私たちの叫《さけ》びに耳を傾《かたむ》けてくれ」

「私たちも同じように魂を持っている。助《たす》けてくれ」と。

先《さき》にも述《の》べたが、わたしは平成十年に疲労《ひろう》がたたり病《やまい》に倒《たお》れた。救急車《きゅうきゅうしゃ》で運《はこ》ばれ、朦朧《もうろう》とした意識《いしき》のなかに、死んだピーコをはじめとして、那智《なち》やラッキー……と、つぎつぎと飼っていた犬たちが現《あら》われた。

彼らだけでなく、見たこともない犬や猫も、そして熊《くま》、象《ぞう》、猿《さる》、ライオン、羊《ひつじ》……、ありとあらゆる動物が、部屋《へや》の天井《てんじょう》や壁《かべ》から現われ、わたしの身体《からだ》に寄《よ》り添《そ》い、わたしの顔や手をなめ、そして消えていった。それはまるでわたしに「生き返って、自分たちの魂の存在を、人間に伝《つた》えてくれ」といっているように聞こえた。

総胆管癌《そうたんかんがん》――それがわたしの病名《びょうめい》であり疾患《しっかん》であったが、わたしは不死鳥《ふしちょう》のごとくよみがえった。動物《どうぶつ》たちがわたしを守ってくれたとしか思えない。

わたしは、病室《びょうしつ》にスピリチュアルな存在《そんざい》として励《はげ》ましにやってきた彼らの寂《さび》しげな瞳《ひとみ》が、ずっと脳裏《のうり》から離《はな》れない。

どの目にもうっすらと涙《なみだ》が浮《う》かんでいた。

悲《かな》しむ彼らの魂《たましい》の叫《さけ》びを、わたしは心の耳ではっきりと聞いた。それはきわめてリアルの声だった。

これは幻聴《げんちょう》なのだろうか？　それとも妄想《もうそう》なのだろうか？

ところが、人間たちに殺《ころ》されていった動物たちの「魂の叫び」を耳にしたことがあるという霊能者《れいのうしゃ》の話を聞いたことがない。わたしの勘違《かんちが》いなのだろうか？

だが、わたしはこの無垢《むく》で健気《けなげ》な動物の心を、そして魂をこれ以上踏《ふ》みにじってはいけないと思う。物言《ものい》えぬ存在《そんざい》ゆえに彼らの思いもひとしおではないのかと思うと、たとえ人に馬鹿《ばか》にされようとも、わたしは彼らの魂の代弁者《だいべんしゃ》になりたいと思う。

そして、この日本という国で、一日も早く、あらゆる虐殺《ぎゃくさつ》と暴力《ぼうりょく》から動物たちを解放《かいほう》してあげたい。

おわりに

この本の最終稿《さいしゅうこう》と同時《どうじ》に、二五年間無我夢中《むがむちゅう》で子どもたちと突《つ》っ走ってきた濱井《はまい》塾《じゅく》の幕《まく》が閉《と》じた。

わたしに、

「動物《どうぶつ》の命《いのち》はだれのもの？」

と尋《たず》ねた小学生は、無事《ぶじ》、みんな高校入試《こうこうにゅうし》に合格《ごうかく》した。

そして、一人の女生徒《じょせいと》Sちゃんが、最後《さいご》の授業《じゅぎょう》の日に、

「先生《せんせい》。この詩《し》を先生にプレゼントします」

といって小海永二《こかいえいじ》さんの詩をくれた。

ところが、その詩をわたしに手渡《てわた》そうとするSちゃんの胸に、大きな光《ひかり》の玉《たま》がみえた。

生徒《せいと》たちに言おうと思ったが、入試《にゅうし》を翌日《よくじつ》にひかえているので、怖《こわ》がるといけないと思い、何も言わずにその詩を受け取り、みんなの前で朗読《ろうどく》した。

Sちゃんが言うには、小学生のとき毎日この詩を朗読してくれた先生が、マラソンの最中《さいちゅう》に急死《きゅうし》したのだという。

Sちゃんの心にこの詩を紹介《しょうかい》した先生が生きていた。

Sちゃんの魂《たましい》に光を放《はな》ちながら、その先生は生きつづけていくのだろう。

「動物《どうぶつ》の命《いのち》はだれのもの？」

それをSちゃんは、この詩のなかから、みつけたにちがいない。

命はだれのものでもない。

命そのものが、たとえようのないほどかけがえのないものだと。

理屈《りくつ》や理論《りろん》ではなくて、肉体《にくたい》のあるなしを問《と》わず、永遠《えいえん》の光輝《ひかりかがや》く魂として生きつづけるから大切《たいせつ》なのだと。

そしてそれはSちゃんだけでなく、一人でも多くの人に感《かん》じてもらえれば、こんなうれしいことはない。

最後《さいご》にこの詩を紹介して、この本を閉《と》じることにしよう。

いのち　小《こ》海《かい》永《えい》二《じ》

花《はな》です
虫《むし》です
からだです
鳥《とり》です
草《くさ》です
こころです
それらは　みんな　いのちです
いのちは
どれも
ひとつです

いのちのふるさと
地球《ちきゅう》もひとつ

風《かぜ》が吹《ふ》き
雲《くも》の流《なが》れる地球《ちきゅう》のうえに
要《い》らないものなどありません

互《たが》いに支《ささ》えているんです
見《み》えない手《て》を出《だ》し　声《こえ》を出《だ》し
互《たが》いに支《ささ》えているんです

どれもひとつで
どれにもひとつ
全部《ぜんぶ》が大事《だいじ》ないのちです

（『詩集・幸福論』／土曜美術社・刊）

◎参考文献◎

黄金の華の秘密　人文書院　C・G・ユング
脳と科学の接点　福来出版　山本建造
スエーデンボルグの超生理学　日本教文社　ヒューゴー・LJ・オドナー
チベットの死者の書（原典訳）　筑摩書房　川崎信定 訳
ホピ宇宙からの予言　徳間書店　ルドルフ・カイザー
ニューサイエンスの世界観　たま出版　石川光男
心霊と神秘世界　福来出版　福来友吉
生命のよろこび　新潮選書　高田宏
神秘のオドパワー　日本教文社　カール・フォン・タインバッハ
魂の再発見　春秋社　ラリー・ドッシー
神智学の真髄　出帆新社　E・ノーマン・ピアースン
マイトレーヤーの使命　シェア・ジャパン　ベンジャミン・クレーム
宇宙感覚　平河出版社　J・ニードルマン
ヒーリングボディー　海竜社　上野圭一
心は遺伝子を越えるか　東京大学出版会　木下清一郎
人間崩壊さなかの哲学　松籟社　坂田徳男
霊犬ジローの日記　ハート出版　浅野三平

＜著者略歴＞

濱井千恵（はまい　ちえ）

１９５４年生まれ。
三重県出身。
動物の命を救う会（ＴＡＰＳ）を立ち上げ、物言わぬ動物たちに代わって、生きものたちの「生きる権利」を訴え続ける。
主な著書に「この子達を救いたい」「ピーコの祈り」「動物サミット2001」（エフエー出版）がある。
著者メールアドレス
mie@taps.gr.jp
fax 0596-25-5067

本文イラスト

久条めぐ（くじょう めぐ）

東京生まれ。フリーのイラストレーター。
主な作品「幸せな捨て犬ウォリ」（ハート出版）
「ヤマメのキョウタ」（ハート出版）
「ピーコの祈り」（エフエー出版）

千恵《ちえ》とふしぎの犬《いぬ》 那智《なち》 だからこの犬猫《こら》を救《すく》いたい

平成14年５月25日　第１刷発行

著　者　濱井 千恵
発行者　日高 裕明

発　行　株式会社ハート出版
〒171-0014東京都豊島区池袋３-９-23
TEL. 03(3590)6077　FAX. 03(3590)6078

定価はカバーに表示してあります。

ISBN4-89295-492-6　編集担当・藤川　乱丁・落丁本はお取り替えいたします

日本音楽著作権協会（出）許諾第0205094-201　印刷・中央精版